Le guide de l'utilisateur du OnePlus Nord CE4

Libérez le potentiel de votre téléphone : trucs, astuces et fonctionnalités cachées

Par

Alaina Cox

Copyright © 2024 Alaina Cox

Tous droits réservés. Aucune partie de ce livre ne peut être reproduite ou transmise sous quelque forme ou par quelque moyen que ce soit, électronique ou mécanique, y compris la photocopie, l'enregistrement ou par tout système de stockage et de récupération d'informations, sans l'autorisation écrite de l'auteur.

Ce livre est une œuvre de non-fiction. Les opinions exprimées sont uniquement celles de l'auteur et ne reflètent pas nécessairement celles de l'éditeur, qui décline par la présente toute responsabilité à leur égard.

Table des matières

Introduction   **6**
Découvrez votre nouveau smartphone : une visite guidée   **8**
   Mise sous tension et démarrage : configurer votre Nord CE4 comme un pro   11
   Astuce bonus : maîtriser le capteur d'empreintes digitales (et débloquer des fonctionnalités cachées !)   14

Partie 1 : Conquérir les bases   **16**
Chapitre 1 : Navigation Nirvana   **16**
   Gestes vs boutons : maîtriser votre style de contrôle   16
   Personnalisation de l'écran d'accueil : personnalisez-le !   19
   Tiroir d'applications décodé : organiser votre vie numérique   22
   Trick Alert : le raccourci multi-fenêtres pour une efficacité ultime   24

Chapitre 2 : Centrale de communication   **28**
   Faire passer vos appels au niveau supérieur : des fonctionnalités dont vous ignoriez l'existence   28

Chapitre 3 : Internet vous attend   **32**
   Naviguer comme un patron : maîtriser votre navigateur Web préféré   32
   Comment connecter votre OnePlus Nord CE4 au PC   34
   Astuce bonus : télécharger des fichiers comme un pro   36

Partie 2 : Libérez votre créativité   **40**
Chapitre 4 : Le guide ultime de l'appareil photo.   **40**
   Magie du mode photo : capturer de superbes photos   44
   Puissance du mode Pro : libérez le photographe qui sommeille en vous   47
   Astuce : astuces de photographie de nuit pour des résultats à couper le souffle   50
   Fonctionnalité cachée : libérer la puissance du mode portrait   53

Chapitre 5 : Étoile vidéo   **56**

   Enregistrement de vidéos épiques : paramètres et conseils pour réussir   56

   Montage comme un pro : outils intégrés pour peaufiner vos chefs-d'œuvre   59

   Alerte astuce : ralenti et accéléré : ajoutez de la créativité à vos vidéos   61

Partie 3 : Divertissement à la demande   **64**

Chapitre 6 : Gloire du jeu   **64**

   Optimiser votre Nord CE4 pour un gameplay fluide   64

   Explorer l'espace de jeu : des fonctionnalités pour chaque joueur   67

   Fonctionnalité cachée : déverrouillage des paramètres de jeu avancés   70

Chapitre 7 : Maestro de la musique   **72**

   Diffusez vos morceaux préférés : meilleures applications musicales   72

   Utilisation du lecteur de musique intégré : fonctionnalités avancées que vous avez peut-être manquées   74

   Astuce : paramètres de l'égaliseur pour un son personnalisé 77

P.art 4 : Maîtriser son quotidien   **80**

Chapitre 8 : Centrale de productivité   **80**

   Applications essentielles pour tous les besoins   80

   Rester organisé avec le calendrier et les listes de tâches   85

   Fonctionnalité cachée : prendre des notes comme un pro avec des raccourcis cachés   88

Chapitre 9 : Connaissances en matière de sécurité   **92**

   Configuration du verrouillage de l'écran et des mots de passe   92

   Protéger vos données : fonctionnalités de sécurité intégrées 95

   Astuce : Mesures de sécurité avancées : allez au-delà des bases   98

Partie 5 : Au-delà des bases : trucs, astuces et trésors cachés 102

Chapitre 10 : Coin de personnalisation **102**
    Thèmes et fonds d'écran : créer un look personnalisé   102
    Centre de notifications : maîtriser les alertes et les paramètres
    105
    Fonctionnalité cachée : personnalisation des paramètres rapides pour un accès en un seul clic   108

Chapitre 11 : Button Bonanza : raccourcis et gestes des boutons **112**
    Maîtriser les gestes pour les prouesses de la navigation   112
    Déverrouiller des gestes de navigation dont vous ignoriez l'existence   113

Conclusion **116**

Partie 6 : Annexe **118**
    Dépannage des problèmes courants : solutions rapides aux problèmes quotidiens   118

Glossaire des termes : démystifier le jargon des smartphones 122

Introduction

Bienvenue dans le monde du OnePlus Nord CE4, un tout nouveau smartphone qui a pour objectif d'être génial sans se ruiner. Ce téléphone est comme un ordinateur suralimenté dans votre poche, prêt à faire tout ce dont vous avez besoin et bien plus encore.

Imaginez un téléphone capable de gérer toutes vos applications, jeux et vidéos sans ralentir. C'est ce qu'est le Nord CE4. C'est comme avoir une mini centrale entre vos mains, rendant tout ce que vous faites sur votre téléphone fluide et rapide.

Non seulement le Nord CE4 est puissant, mais il a aussi l'air vraiment cool. Vous pouvez choisir entre deux styles différents : un avec une finition brillante qui change de couleur à la lumière qui est le chrome foncé et un autre avec une couleur vert clair qui ressemble à du marbre (marbre céladon). C'est comme avoir une œuvre d'art que vous pouvez emporter avec vous tous les jours.

L'un des principaux points forts du Nord CE4 est sa puce Qualcomm Snapdragon 7 Gen 3, offrant une amélioration remarquable de 15 % des performances du processeur, une augmentation de 50 % des performances du GPU et une amélioration de 20 % de l'efficacité énergétique. Ce chipset puissant garantit un multitâche fluide, des jeux fluides et une gestion efficace de l'énergie, établissant de nouvelles normes pour les smartphones de milieu de gamme.

Les gens sont enthousiasmés par le Nord CE4 car il offre des fonctionnalités de premier ordre à un prix qui ne fera pas sauter la banque. Tout le monde attend de voir comment ce téléphone va changer la donne dans le monde des smartphones. Voyons ce qui rend le Nord CE4 si spécial et pourquoi il crée le buzz dans le monde des smartphones.

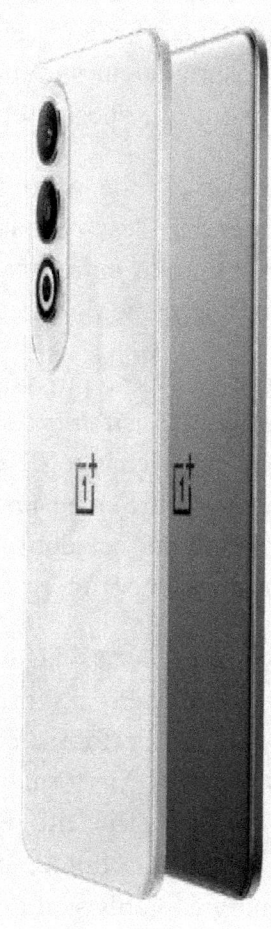

Découvrez votre nouveau smartphone : une visite guidée

Premières impressions:

1. Prenez votre téléphone ! Commençons par y donner un bon aperçu. Tenez-le confortablement dans votre main.
2. Avant et centre : retournez le téléphone de manière à ce que l'écran soit face à vous. C'est l'avant du téléphone. Notez l'espace occupé par l'écran.
3. Magnifique viseur : vers le haut de l'écran, vous verrez une petite encoche ou un trou découpé. C'est la caméra frontale que vous utiliserez pour les selfies et les appels vidéo.

En regardant de plus près :

Explorons maintenant les différentes parties de votre téléphone une par une.

- Face avant du téléphone :
    1. Écran glorieux : le grand panneau de verre à l'avant est l'écran du téléphone. C'est là que vous verrez toutes vos applications, jeux, vidéos et bien plus encore.
    2. Super Shooter (Caméra frontale) : Vous vous souvenez de la petite découpe que nous avons vue plus tôt ? C'est la caméra frontale. Il possède généralement un nombre de mégapixels (MP) mentionné dans les spécifications du téléphone (par exemple, 16MP). Plus le MP est élevé, plus les photos seront nettes.

- Retournez-le : le dos
    1. Capturer des souvenirs (système de caméra arrière) : retournez votre téléphone. La bosse de l'appareil photo à l'arrière abrite deux objectifs ou plus selon le modèle. Chaque objectif peut avoir un nombre de mégapixels différent et remplir un objectif spécifique. La caméra principale a généralement le MP le plus élevé.
        - Astuce : nous explorerons le rôle de chaque objectif d'appareil photo dans un chapitre ultérieur !
    2. Puissance de déverrouillage (capteur d'empreintes digitales) : regardez près du centre en bas (ou parfois plus haut) à l'arrière. Vous pourriez voir un petit rectangle ou un cercle. C'est le capteur d'empreintes digitales. C'est un moyen sécurisé de déverrouiller votre téléphone avec votre empreinte digitale.
    3. Le logo emblématique OnePlus (facultatif) : vous remarquerez peut-être l'élégant logo OnePlus quelque part au dos.
- Les côtés : bouton central
    1. Boss du bouton d'alimentation : sur le côté droit (généralement), recherchez le bouton d'alimentation. Ce bouton allume et éteint votre écran, réveille le téléphone lorsqu'il est en veille et peut être utilisé pour redémarrer le téléphone si nécessaire.
    2. Volume haut et bas : Juste à côté du bouton d'alimentation (ou parfois sur le côté opposé), vous trouverez les boutons de volume. Utilisez-les pour

contrôler le volume de votre musique, de vos vidéos, de vos sonneries et de vos appels.
3. Curseur d'alerte (fonctionnalité spéciale OnePlus) : certains téléphones OnePlus ont un curseur spécial sur le côté. Il s'agit du curseur d'alerte. Il vous permet de basculer rapidement entre les modes silencieux, vibreur et sonnerie.

- Haut et bas : les essentiels
    1. Temps de conversation (microphone) : il peut y avoir un ou deux petits trous en haut ou en bas de votre téléphone. Ce sont les micros. Ils captent votre voix lors des appels et lorsque vous utilisez des assistants vocaux.
    2. Mise sous tension (port USB-C) : en bas, vous trouverez le port de chargement. Il s'agit généralement d'un port USB-C. Vous utiliserez le câble de chargement inclus pour connecter votre téléphone à ce port afin de l'alimenter. Ce port peut également être utilisé pour transférer des fichiers vers et depuis votre ordinateur.
    3. Écoutez-moi maintenant (grille du haut-parleur) : recherchez une fine fente ou une ouverture en maille sur le bas (ou parfois sur le côté). Il s'agit de la grille du haut-parleur. C'est là que le son sort de votre téléphone, par exemple lorsque vous écoutez de la musique, regardez des vidéos ou passez des appels sur haut-parleur.

En voici un aperçu ! Vous voulez prendre une capture d'écran ? Faites glisser rapidement trois doigts vers le bas de l'écran, de haut en bas. Nous explorerons davantage ces astuces plus tard !

Mise sous tension et démarrage : configurer votre Nord CE4 comme un pro

Vous vous êtes familiarisé avec le matériel de votre OnePlus Nord CE4. Maintenant, mettons-le sous tension et personnalisons-le à votre goût.

Voici un guide étape par étape pour configurer votre téléphone :

Étape 1 : Chargez !

1. Trouvez votre chargeur : localisez le câble de chargement USB-C et l'adaptateur secteur inclus.
2. Branchez-le : connectez l'extrémité USB-C du câble au port de chargement de votre téléphone (généralement en bas). Ensuite, branchez l'autre extrémité du câble sur l'adaptateur secteur.
3. Connectez-vous à l'alimentation : branchez l'adaptateur secteur sur une prise murale. Vous devriez voir un indicateur de charge sur l'écran de votre téléphone.

Étape 2 : Allumez !

1. Localisez le bouton d'alimentation
2. Appuyer et maintenir : Appuyez et maintenez le bouton d'alimentation pendant quelques secondes. Le téléphone vibrera et l'écran s'allumera avec le logo OnePlus.

Étape 3 : Bienvenue ! Choisissons votre langue

1. Sélection de la langue : vous verrez un écran de bienvenue avec une liste de langues. Choisissez votre langue préférée en appuyant dessus.

Étape 4 : Connectez-vous au Wi-Fi

1. Sélection du réseau Wi-Fi : le téléphone recherchera les réseaux Wi-Fi disponibles.
2. Sélectionnez votre réseau : appuyez sur le nom de votre réseau Wi-Fi.
3. Saisissez le mot de passe (si nécessaire) : si votre réseau Wi-Fi dispose d'un mot de passe, vous devrez le saisir maintenant. Utilisez le clavier à l'écran pour saisir votre mot de passe.
4. Se connecter : Une fois le mot de passe saisi, appuyez sur « Connecter ».

Étape 5 : connexion au compte Google (cette opération est facultative mais recommandée)

1. Connectez-vous avec Google (facultatif) : un compte Google vous permet d'accéder à de nombreuses fonctionnalités utiles sur votre téléphone, comme le téléchargement d'applications depuis le Google Play Store, la synchronisation de vos contacts et de votre calendrier et l'utilisation des services Google comme Gmail et YouTube.
2. J'ai déjà un compte Google ? Si vous possédez déjà un compte Google, saisissez votre adresse e-mail et votre mot de passe pour vous connecter.
3. Vous êtes nouveau sur Google ? Si vous n'avez pas de compte Google, vous pouvez en créer un ici en suivant les instructions à l'écran.

Étape 6 : Date et heure

1. Définir le fuseau horaire : le téléphone tentera de définir automatiquement votre fuseau horaire en fonction de votre connexion Wi-Fi. Vous pouvez le confirmer ou choisir un fuseau horaire différent si nécessaire.

Étape 7 : Transfert de données (facultatif)

1. Transfert depuis un ancien téléphone (facultatif) : Si vous passez d'un ancien téléphone, vous pouvez choisir de transférer vos données (contacts, photos, etc.) vers votre nouveau Nord CE4. Il existe plusieurs façons de procéder, en fonction du système d'exploitation de votre ancien téléphone. Le téléphone vous guidera tout au long du processus.
2. Pas besoin de transférer ? Si vous recommencez à zéro ou transférez des données plus tard, vous pouvez ignorer cette étape pour le moment.

Étape 8 : Sécurité des empreintes digitales (facultatif, mais recommandé)

1. Magie des empreintes digitales : la configuration d'un déverrouillage par empreinte digitale est un moyen sécurisé de déverrouiller votre téléphone.

Étape 9 : Termes et conditions

1. Examinez et acceptez : prenez le temps de lire les termes et conditions avant de continuer. Une fois que vous êtes à l'aise, appuyez sur « Accepter » pour continuer.

Astuce bonus : maîtriser le capteur d'empreintes digitales (et débloquer des fonctionnalités cachées !)

Le capteur d'empreintes digitales de votre OnePlus Nord CE4 est un moyen pratique et sécurisé de déverrouiller votre téléphone. Mais saviez-vous qu'il peut faire plus ? Voici comment maîtriser le capteur d'empreintes digitales et débloquer certaines fonctionnalités cachées !

Maîtriser le scan d'empreintes digitales :

1. L'inscription est la clé : lors de la configuration, vous avez peut-être enregistré une ou plusieurs empreintes digitales. Sinon, accédez à Paramètres > Écran de sécurité et de verrouillage > Déverrouillage par empreinte digitale pour ajouter ou gérer vos empreintes digitales.
2. Le placement est important : lors du déverrouillage, placez doucement votre doigt sur le capteur d'empreintes digitales pendant une seconde ou deux. Assurez-vous que le bout de votre doigt est bien en contact avec le capteur (évitez les doigts mouillés ou sales).
3. Plusieurs empreintes digitales = plus de commodité : enregistrez plusieurs doigts (pouce, index) pour un déverrouillage plus facile sous différents angles.

La disponibilité de ces fonctionnalités peut varier en fonction de votre modèle spécifique de OnePlus Nord CE4 et de la version du logiciel.

1. Lancement rapide de l'application : certains téléphones OnePlus vous permettent de lancer des applications spécifiques en appuyant longuement sur votre empreinte digitale. Par exemple, appuyez longuement sur le capteur d'empreintes digitales pour ouvrir instantanément votre application appareil photo. (Paramètres > Écran de sécurité et de verrouillage > Déverrouillage par empreinte digitale peut avoir une option pour cela).
2. Accès au tiroir d'applications : alors que le tiroir d'applications est généralement accessible en faisant glisser votre doigt vers le haut, certains modèles vous permettent d'y accéder en appuyant longuement sur le capteur avec une empreinte digitale. (Vérifiez les paramètres pour ces options).
3. Prendre des photos : croyez-le ou non, certains téléphones OnePlus vous permettent de prendre des photos à l'aide du capteur d'empreintes digitales ! Cela peut être utile pour les selfies ou les photos de groupe pour lesquels vous ne souhaitez pas appuyer sur le déclencheur. (Explorez les paramètres de l'appareil photo pour voir si cette fonctionnalité est disponible).

Partie 1 : Conquérir les bases

Chapitre 1 : Navigation Nirvana

Gestes vs boutons : maîtriser votre style de contrôle

Le OnePlus Nord CE4 propose deux méthodes de navigation principales : les gestes à l'écran et les boutons de navigation traditionnels. Ce chapitre vous guidera à travers les deux options, vous aidant à choisir le style de contrôle qui vous convient le mieux.

Maîtriser la navigation gestuelle :

La navigation gestuelle utilise des balayages et des gestes à l'écran pour contrôler votre téléphone. Il offre une sensation propre et immersive et maximise l'espace de l'écran. Voici les gestes essentiels :

- Revenir en arrière : faites glisser votre doigt depuis le bord gauche de l'écran vers le centre.
- Accueil : faites glisser votre doigt depuis le centre inférieur de l'écran.
- Applications récentes : faites glisser votre doigt depuis le bas au centre de l'écran et maintenez brièvement la pression pour voir vos applications récemment utilisées.
- Changement d'application : faites glisser votre doigt depuis le bord gauche ou droit de l'écran (selon les paramètres)

pour basculer rapidement entre les applications récemment utilisées.

Avantages des gestes :

- Propre et immersif : les gestes offrent une apparence plus nette car ils suppriment les boutons de navigation de l'écran, offrant ainsi une vue plus ininterrompue de vos applications et de votre contenu.
- Contrôle intuitif : le balayage semble naturel pour de nombreux utilisateurs, en particulier ceux qui sont familiers avec d'autres interfaces basées sur les gestes.
- Espace d'écran supplémentaire : en supprimant les boutons, les gestes vous offrent plus d'espace d'écran pour vos applications et jeux.

Inconvénients des gestes :

- Courbe d'apprentissage : si vous débutez dans les gestes, cela peut prendre un certain temps pour vous habituer aux mouvements de balayage.
- Balayages accidentels : des balayages accidentels depuis les bords peuvent parfois déclencher des actions involontaires.

Boutons de navigation traditionnels :

Les boutons de navigation traditionnels offrent une méthode de contrôle familière à ceux qui préfèrent une approche par bouton physique. Les boutons sont toujours visibles en bas de l'écran :

- Bouton Retour : appuyez sur ce bouton pour revenir à l'écran précédent.

- Bouton Accueil : appuyez sur ce bouton pour revenir à l'écran d'accueil.
- Bouton Applications récentes : appuyez sur ce bouton pour voir vos applications récemment utilisées.

Avantages des boutons :

- Familier et facile à utiliser : les boutons ont une disposition familière pour de nombreux utilisateurs, en particulier ceux provenant d'autres marques de téléphones.
- Pas de glissement accidentel : les boutons sont moins sujets à une activation accidentelle que les gestes.
- Toujours visible : vous pouvez toujours voir et accéder aux boutons, contrairement aux gestes qui nécessitent des mouvements de balayage spécifiques.

Inconvénients des boutons :

- Prend de l'espace sur l'écran : les boutons occupent une petite partie de l'écran, réduisant ainsi la zone d'affichage de vos applications et de votre contenu.
- Moins immersif : les boutons peuvent briser l'immersion par rapport à une interface basée sur les gestes.

Le meilleur style de contrôle dépend de vos préférences personnelles. Voici quelques conseils pour vous aider à décider :

- Essayez les deux ! Passez du temps à utiliser les gestes et les boutons pour voir ce qui vous semble le plus confortable et intuitif.
- Tenez compte de la taille de l'écran : si vous possédez un grand téléphone, les gestes peuvent être plus faciles à utiliser d'une seule main.

- L'habitude compte : si vous êtes habitué aux boutons des téléphones précédents, vous les préférerez peut-être au début. Cependant, les gestes valent la peine d'être essayés pour une expérience plus moderne.

Quel que soit le style que vous choisissez, avec un peu de pratique, vous naviguerez dans votre OnePlus Nord CE4 comme un maître !

Personnalisation de l'écran d'accueil : personnalisez-le !

L'écran d'accueil est votre passerelle vers tout ce qui se trouve sur votre téléphone. C'est ici que vous trouverez vos applications, jeux et widgets les plus utilisés. Mais la mise en page par défaut n'est peut-être pas idéale pour tout le monde.

Comprendre l'écran d'accueil :

- Écran d'accueil et tiroir d'applications : l'écran d'accueil est le premier écran que vous voyez lorsque vous déverrouillez votre téléphone ou appuyez sur le bouton d'accueil. Il peut contenir des icônes d'applications, des widgets et des raccourcis. Le tiroir d'applications est l'endroit où toutes vos applications installées sont stockées. Tu peux

Personnalisation en toute simplicité :

Voici un guide étape par étape pour personnaliser votre écran d'accueil :

1. Appui long sur une zone vide : appuyez longuement sur un espace vide de votre écran d'accueil jusqu'à ce qu'un menu apparaisse.
2. Options de personnalisation : ce menu proposera diverses options pour personnaliser votre écran d'accueil. Voici quelques-uns des plus courants :
    - Fond d'écran : modifiez l'image d'arrière-plan de votre écran d'accueil. Vous pouvez choisir parmi des options préchargées, vos propres photos ou même télécharger des fonds d'écran en ligne.
    - Widgets : les widgets sont des mini-applications qui fournissent des informations ou un accès rapide aux fonctionnalités directement sur votre écran d'accueil. Le OnePlus Nord CE4 dispose probablement de widgets intégrés pour la météo, le calendrier, l'horloge et le lecteur de musique. Vous pouvez également ajouter des widgets à partir d'autres applications téléchargées.
    - Paramètres de l'écran d'accueil (facultatif) : cette option peut vous permettre de modifier la grille de l'écran d'accueil (nombre de lignes et de colonnes pour les icônes d'application), d'activer/désactiver le tiroir d'applications et d'ajuster les effets de transition.

Ajout d'applications et de widgets :

1. Accès au tiroir d'applications : faites glisser votre doigt depuis le bas de votre écran d'accueil pour accéder au tiroir d'applications.
2. Trouvez votre application : localisez l'application que vous souhaitez ajouter à votre écran d'accueil.

3. Glisser-déposer : appuyez et maintenez l'icône de l'application jusqu'à ce qu'elle se détache de l'écran. Ensuite, faites-le glisser vers un emplacement vide de votre écran d'accueil et relâchez-le.

Ajout de widgets :

1. Accéder aux Widgets : Dans le menu de personnalisation de l'écran d'accueil (appui long sur un espace vide), appuyez sur « Widgets ».
2. Choisissez votre widget : parcourez les widgets disponibles et recherchez celui que vous souhaitez ajouter.
3. Glisser-déposer : appuyez et maintenez le widget jusqu'à ce qu'il se détache de l'écran. Ensuite, faites-le glisser vers un emplacement vide de votre écran d'accueil et relâchez-le.

Organiser vos applications :

- Glisser-déposer : vous pouvez réorganiser les icônes d'applications et les widgets sur votre écran d'accueil en les appuyant simplement, en les maintenant enfoncés et en les faisant glisser vers de nouveaux emplacements.
- Dossiers : pour une apparence plus claire, créez des dossiers pour regrouper des applications similaires. Faites glisser et déposez l'icône d'une application au-dessus d'une autre application pour créer un dossier. Vous pouvez renommer le dossier en appuyant sur son nom.

Saviez-vous que vous pouvez modifier les icônes des applications vous-même ? Certaines applications de lancement (applications alternatives pour l'écran d'accueil) vous permettent de personnaliser les icônes d'application avec des packs d'icônes personnalisés trouvés en ligne. Cela peut donner à votre téléphone un look vraiment unique !

Tiroir d'applications décodé : organiser votre vie numérique

Le tiroir d'applications est le grenier numérique de votre OnePlus Nord CE4. C'est là que résident toutes vos applications installées, attendant d'être lancées ! Mais avec autant d'applications, garder les choses organisées peut sembler écrasant. Ce chapitre vous propose des stratégies pour apprivoiser votre tiroir d'applications et faciliter la recherche de ce dont vous avez besoin.

Comprendre le tiroir d'applications :

- Point d'accès : le tiroir d'applications est généralement accessible par un geste de balayage vers le haut depuis le bas de votre écran d'accueil.
- App Haven : le tiroir d'applications abrite toutes vos applications installées, même celles qui n'ont pas de raccourcis sur votre écran d'accueil.

Conquérir le chaos du tiroir d'applications :

Voici quelques façons d'organiser votre tiroir d'applications et de rationaliser votre expérience de recherche d'applications :

1. Catégories intégrées (facultatif) : certains modèles OnePlus Nord CE4 peuvent avoir des catégories prédéfinies dans le tiroir d'applications, comme "Social", "Divertissement" ou

"Productivité". Cela fournit un niveau d'organisation de base.
2. Tri manuel (le plus courant) : la méthode la plus courante consiste à organiser les applications manuellement. Voici comment:
    o Appui long sur une zone vide : appuyez longuement sur un espace vide dans le tiroir de l'application jusqu'à ce qu'un menu apparaisse.
    o Gérer les applications (ou option similaire) : recherchez une option appelée « Gérer les applications » ou quelque chose de similaire. Cela peut vous amener à un menu de paramètres pour la gestion des applications.
    o Options de tri : dans les paramètres du tiroir d'applications, vous devriez trouver des options pour trier vos applications par ordre alphabétique, par dernière utilisation ou par ordre personnalisé.
3. Créer des dossiers (fortement recommandé) : regrouper des applications similaires dans des dossiers est une technique d'organisation puissante. Voici comment procéder :
    o Appuyez longuement sur l'icône d'une application : Dans le tiroir d'applications, appuyez longuement sur l'icône d'une application jusqu'à ce qu'elle se détache de l'écran.
    o Glisser et déposer sur une autre application : tout en maintenant l'icône de l'application, faites-la glisser sur une autre application appartenant à la même catégorie (par exemple, les applications de médias sociaux ensemble). Cela créera un dossier contenant les deux applications.

- o Renommer le dossier : appuyez sur le nom du dossier pour le renommer en quelque chose de descriptif, comme "Réseaux sociaux".
- o Répéter et organiser : répétez ce processus pour créer des dossiers pour d'autres catégories d'applications telles que Productivité, Jeux ou Shopping.

Trick Alert : le raccourci multi-fenêtres pour une efficacité ultime

Jongler avec plusieurs applications sur votre OnePlus Nord CE4 peut changer la donne en termes de productivité ou de divertissement.

La magie multi-fenêtres :

La fonctionnalité multi-fenêtres vous permet d'avoir deux applications ouvertes et exécutées côte à côte sur votre écran. C'est parfait pour des situations telles que :

- Rattraper ses e-mails en naviguant sur le Web.
- Suivre une recette en regardant un tutoriel de cuisine.
- Prendre des notes lors d'une conférence ou d'une réunion en ligne.

La méthode exacte d'activation de plusieurs fenêtres peut varier en fonction de votre modèle spécifique de OnePlus Nord CE4 et de la version du logiciel. Voici deux méthodes courantes :

Méthode 1 : bouton Applications récentes

1. Ouvrez l'application que vous souhaitez utiliser en multi-fenêtre.
2. Appuyez sur le bouton Applications récentes. Ce bouton est généralement situé en bas au centre de la barre de navigation (ou accessible d'un geste selon vos paramètres).
3. Appuyez sur l'icône de l'application avec les trois points. Une fois que vous voyez la liste des applications récemment utilisées, localisez l'application que vous souhaitez utiliser en multi-fenêtre. Vous devriez voir trois points verticaux à côté de l'icône de l'application.
4. Sélectionnez "Ouvrir en écran partagé" (ou une option similaire). En appuyant sur cette option, vous lancerez l'application sélectionnée dans la moitié supérieure de l'écran.

Méthode 2 : geste de balayage récent (facultatif) :

1. Ouvrez l'application que vous souhaitez utiliser en multi-fenêtre.
2. Faites glisser votre doigt depuis le bas de l'écran et maintenez brièvement la pression. Ce geste devrait faire apparaître la liste des applications récentes.
3. Faites glisser votre doigt vers le haut sur l'aperçu de l'application que vous souhaitez utiliser dans plusieurs fenêtres. Au lieu d'appuyer sur l'icône de l'application, faites glisser votre doigt vers le haut sur la fenêtre d'aperçu de l'application que vous souhaitez utiliser en mode multi-fenêtre. Cela le lancera dans la moitié supérieure de l'écran.

Redimensionnement et ajustement des fenêtres :

- Faites glisser la ligne de séparation noire : Une fois que vous avez deux applications ouvertes en multi-fenêtres, vous pouvez ajuster la taille de chaque fenêtre en faisant glisser la ligne de séparation noire qui les sépare.
- Plein écran pour une application (facultatif) : faites glisser votre doigt complètement vers le haut sur la ligne de séparation pour maximiser une application et masquer l'autre. Faites glisser votre doigt vers le haut de l'application cachée pour la ramener à la vue en écran partagé.
- Fermeture de plusieurs fenêtres : faites glisser votre doigt vers le haut de l'une des fenêtres d'application pour la fermer et quitter le mode multi-fenêtres.

Certains téléphones OnePlus dotés d'une fonctionnalité spéciale "Game Space" peuvent vous permettre de créer des paires d'applications pour plusieurs fenêtres. Cela vous permet de lancer deux applications spécifiques en un seul clic. Explorez les paramètres de votre téléphone pour ces options, surtout si vous disposez d'un modèle axé sur les jeux.

Chapitre 2 : Centrale de communication

Faire passer vos appels au niveau supérieur : des fonctionnalités dont vous ignoriez l'existence

Votre OnePlus Nord CE4 peut faire plus que simplement connecter des appels de base.

Identification de l'appelant et blocage du spam :

- Identifiez les numéros inconnus : Fatigué de répondre à des appels inconnus ? Activez les fonctionnalités d'identification de l'appelant dans les paramètres de votre téléphone. Cela peut afficher le nom ou les informations associées aux numéros de téléphone entrants, vous aidant ainsi à décider de répondre ou non. Certaines fonctionnalités peuvent même identifier les appels indésirables potentiels et vous permettre de les bloquer.

Fonctions en appel que vous ne connaissez peut-être pas :

- Enregistrer les appels (facultatif) : certains téléphones OnePlus, avec des considérations juridiques appropriées dans votre région, vous permettent d'enregistrer des conversations téléphoniques. Cela peut être utile pour capturer des détails importants ou référencer des informations ultérieurement. Explorez vos options d'enregistrement d'appels dans les paramètres de l'application téléphonique ou pendant un appel actif (consultez vos lois locales sur l'enregistrement des appels).

- Notes d'appel (facultatif) : pendant un appel, vous pourrez peut-être prendre des notes directement dans l'application Téléphone. Cela peut être utile pour noter des informations importantes ou des actions discutées lors de l'appel.
- Transfert d'appel (avancé) : Besoin de transférer un appel vers un collègue ou une messagerie vocale ? Recherchez l'option de transfert lors d'un appel actif (généralement indiquée par une icône en forme de flèche). Cela peut être utile pour diriger les appels vers la personne la plus appropriée.

Messagerie vocale visuelle (facultatif) :

- Adieu la messagerie vocale robotique ! : La messagerie vocale visuelle, si elle est disponible sur votre téléphone, remplace le système de messagerie vocale robotique traditionnel par une interface visuelle. Vous verrez une liste de vos messages vocaux avec les informations sur les appelants et les horodatages, vous permettant de les hiérarchiser et de les écouter à votre convenance. Explorez les paramètres de messagerie vocale pour activer la messagerie vocale visuelle si disponible.

Multitâche pendant les appels :

- Image dans l'image (facultatif) : certains téléphones OnePlus vous permettent de réduire l'écran d'appel dans une fenêtre flottante plus petite lorsque vous utilisez d'autres applications. Ceci est utile si vous devez référencer des informations sur une autre application lors d'un appel ou prendre des notes rapides.
- Options de haut-parleur et de sourdine : passez les appels sur le haut-parleur pour des conversations mains libres ou

utilisez le bouton de sourdine pour désactiver temporairement votre microphone pendant un appel.

Paramètres d'appel avancés (facultatif) :

- Blocage des appels : au-delà du spam potentiel identifié par votre téléphone, vous pouvez bloquer manuellement des numéros spécifiques pour les empêcher de vous rappeler. Accédez à la liste de blocage dans les paramètres de votre téléphone.
- Renvoi d'appel : transférez vos appels vers un autre numéro lorsque vous n'êtes pas disponible en activant le transfert d'appel dans les paramètres de votre téléphone. Cela peut être utile si vous voyagez ou si vous attendez un appel important sur un autre appareil.

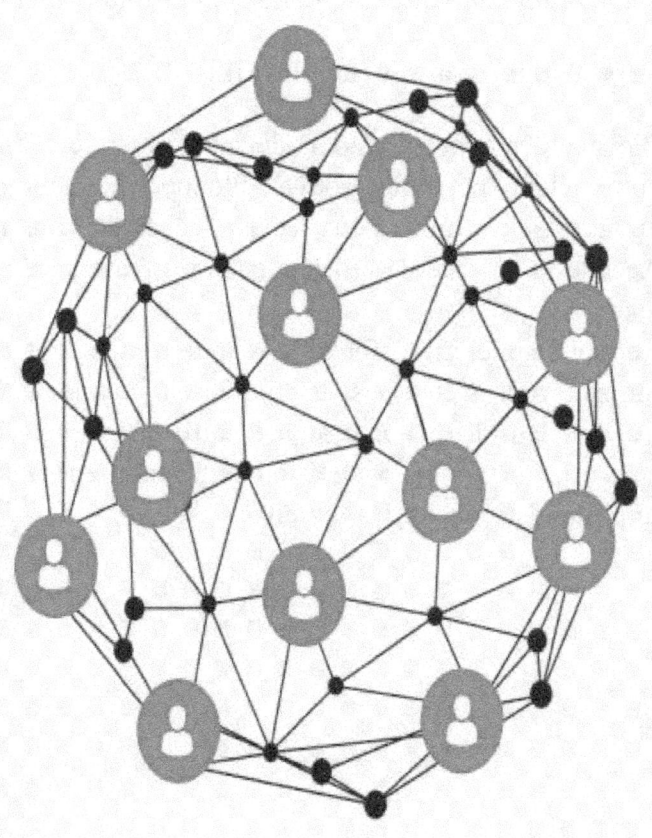

Chapitre 3 : Internet vous attend

Naviguer comme un patron : maîtriser votre navigateur Web préféré

Le navigateur Web est votre passerelle vers le vaste monde d'Internet. C'est là que vous naviguez sur les sites Web, recherchez des informations et explorez le contenu en ligne.

Navigateurs Web courants :

- Navigateur préinstallé : la plupart des téléphones OnePlus sont livrés avec un navigateur Web préinstallé comme Chrome ou OnePlus Browser. C'est votre point de départ pour la navigation sur le Web.
- Navigateurs alternatifs : vous pouvez également télécharger et installer d'autres navigateurs Web à partir du Google Play Store, tels que Firefox ou Microsoft Edge.

Navigation de base :

1. La barre d'adresse : la barre d'adresse, située en haut de la plupart des navigateurs, affiche l'adresse Web (URL) du site Web sur lequel vous vous trouvez actuellement. Vous pouvez également saisir ici une URL pour visiter un site Web spécifique.
2. La barre de recherche : La barre de recherche, souvent intégrée à la barre d'adresse, vous permet de rechercher directement sur le Web à l'aide de mots-clés ou d'expressions.

3. Boutons de navigation : la plupart des navigateurs disposent de boutons de navigation de base tels que Précédent, Suivant et Actualiser pour se déplacer entre les pages récemment visitées et recharger la page actuelle.
4. Onglets : les onglets vous permettent d'ouvrir plusieurs sites Web à la fois. Vous pouvez facilement basculer entre eux en appuyant sur l'onglet souhaité.

Naviguer comme un pro :

- Favoris : ajoutez vos sites Web préférés à vos favoris pour un accès rapide. Appuyez sur l'icône étoile (ou similaire) dans la barre d'adresse pour ajouter la page actuelle à vos favoris. Vous pourrez ensuite accéder à vos favoris via un menu dédié dans votre navigateur.
- Historique : votre navigateur garde une trace des sites Web que vous avez visités. Accédez à votre historique de navigation pour revisiter les sites Web précédemment consultés.
- Mode navigation privée : naviguez en privé avec le mode navigation privée. Ce mode n'enregistre pas votre historique de navigation ni vos cookies, ce qui permet une navigation Web plus privée.

Conseils d'utilisateur expérimenté :

- Appui long sur les liens : un appui long sur un lien fait généralement apparaître un menu avec des options telles que l'ouverture du lien dans un nouvel onglet, la copie de l'adresse du lien ou le partage du lien avec d'autres.
- Gestes de balayage (facultatif) : certains navigateurs vous permettent de balayer l'écran vers la gauche ou la droite pour naviguer entre les pages Web (similaire à la navigation

gestuelle). Explorez les paramètres de votre navigateur pour ces options.
- Gestionnaire de téléchargement : votre navigateur vous permet de télécharger des fichiers depuis Internet. Gardez une trace de vos téléchargements via le gestionnaire de téléchargement, généralement accessible via un menu de votre navigateur.

Au-delà des bases:

- Extensions de navigateur (facultatif) : certains navigateurs, comme Chrome, vous permettent d'installer des extensions qui ajoutent de nouvelles fonctionnalités. Explorez le magasin d'extensions dans votre navigateur pour découvrir des modules complémentaires utiles.
- Synchronisation sur plusieurs appareils (facultatif) : de nombreux navigateurs vous permettent de synchroniser vos favoris, votre historique et vos mots de passe sur différents appareils (téléphone, ordinateur, tablette) si vous vous connectez avec le même compte.

En maîtrisant ces conseils de navigation et en explorant les fonctionnalités avancées, vous transformerez votre expérience de navigation Web de basique à exceptionnelle.

Comment connecter votre OnePlus Nord CE4 au PC

Ce dont vous aurez besoin :

- Votre smartphone OnePlus Nord CE4

- Un câble USB Type-C (le câble généralement fourni avec votre téléphone)
- Un PC avec un port USB

Instructions:

1. Débloquez votre OnePlus Nord CE4. Faites glisser votre doigt depuis le haut de l'écran pour accéder au panneau de notification.
2. Faites glisser à nouveau vers le bas pour développer le panneau de notification.
3. Recherchez une notification indiquant « Chargement USB de cet appareil » ou similaire. Il peut également mentionner « Appuyez pour plus d'options ».
4. Appuyez sur la notification. Cela ouvrira un menu avec différentes options de connexion USB.
5. Sélectionnez « Transfert de fichiers » (ou une option similaire) dans le menu. Cela permet à votre PC d'accéder aux fichiers de votre téléphone.
6. Sur votre PC : ouvrez une fenêtre de l'explorateur de fichiers.
7. Dans la fenêtre de l'Explorateur de fichiers, vous devriez voir votre OnePlus Nord CE4 répertorié sous « Périphériques et lecteurs ». Il pourrait s'appeler quelque chose comme « OnePlus Nord CE4 » ou « appareil MTP ».
8. Cliquez sur votre OnePlus Nord CE4 pour parcourir les dossiers et fichiers stockés sur votre téléphone.

Conseils supplémentaires :

- Si vous ne voyez pas de notification concernant la connexion USB, essayez de déverrouiller votre téléphone

- avec votre code PIN, votre empreinte digitale ou une autre méthode de sécurité lorsqu'il est connecté au PC.
- Vous devrez peut-être installer des pilotes sur votre PC pour une fonctionnalité optimale. Ceux-ci peuvent généralement être téléchargés à partir du site Web OnePlus pour votre modèle de téléphone spécifique.
- Si vous rencontrez toujours des difficultés pour vous connecter, essayez d'utiliser un autre câble USB ou de redémarrer votre téléphone et votre PC.

En suivant ces étapes, vous devriez pouvoir connecter votre OnePlus Nord CE4 à votre PC et transférer des fichiers entre les appareils.

Astuce bonus : télécharger des fichiers comme un pro

Bien qu'il n'existe pas de fonctionnalité de téléchargement universellement cachée intégrée à la plupart des téléphones Android, il existe certainement des moyens d'optimiser votre expérience de téléchargement sur votre OnePlus Nord CE4. Voici quelques trucs et astuces pour faire de vous un pro du téléchargement :

Utilisation du navigateur intégré :

1. Rechercher le fichier téléchargeable : lorsque vous naviguez sur le Web à l'aide de votre navigateur préféré (comme Chrome ou le navigateur OnePlus), accédez à la page Web contenant le fichier que vous souhaitez

télécharger. De nombreux sites Web proposent des fichiers téléchargeables comme des PDF, des documents, des images ou même des applications (en dehors du Google Play Store).
2. Localisez le lien de téléchargement : recherchez un lien ou un bouton de téléchargement sur la page Web. Cela peut être étiqueté avec un texte tel que « Télécharger », « Obtenir le fichier » ou une simple icône de téléchargement (généralement une flèche pointant vers le bas).
3. Lancez le téléchargement : une fois que vous avez trouvé le lien de téléchargement, appuyez dessus. Cela vous demandera généralement de confirmer le téléchargement ou de choisir un emplacement de téléchargement sur votre téléphone.
4. Suivi de votre téléchargement : la plupart des navigateurs affichent une barre de progression du téléchargement ou une notification pendant le téléchargement du fichier. Vous pouvez également accéder au gestionnaire de téléchargement (généralement trouvé dans les paramètres ou le menu du navigateur) pour voir une liste de vos téléchargements en cours et terminés.

Téléchargement via des applications :

1. Télécharger directement à partir de certaines applications : certaines applications, comme les applications de réseaux sociaux ou les services de stockage cloud, peuvent vous permettre de télécharger des fichiers directement dans l'application elle-même. Recherchez les options ou les boutons de téléchargement dans l'application spécifique que vous utilisez.

2. Suivez les instructions spécifiques à l'application : le processus de téléchargement peut varier en fonction de l'application. Suivez les instructions ou invites à l'écran dans l'application pour lancer et gérer le téléchargement.

Téléchargement de fichiers volumineux avec prudence :

- Soyez attentif à l'utilisation des données : le téléchargement de fichiers volumineux peut consommer une quantité importante de données mobiles. Si vous n'êtes pas connecté au Wi-Fi, gardez un œil sur votre consommation de données pour éviter de dépasser votre forfait de données.
- Téléchargez à partir de sources fiables : téléchargez uniquement des fichiers à partir de sites Web et d'applications auxquels vous faites confiance pour éviter les logiciels malveillants ou les risques de sécurité.

Techniques de téléchargement avancées :

- Gestionnaires de téléchargement tiers (à utiliser avec prudence) : bien que cela ne soit pas recommandé à tout le monde, certaines applications de gestion de téléchargement tierces offrent des fonctionnalités supplémentaires telles que la planification des téléchargements ou des vitesses de téléchargement plus rapides. Procédez avec prudence lorsque vous installez des applications en dehors du Google Play Store et téléchargez uniquement des gestionnaires provenant de sources fiables.
- Téléchargement via Cloud Storage : si vous téléchargez fréquemment des fichiers, envisagez d'utiliser des services de stockage cloud comme Google Drive ou Dropbox. Ces services vous permettent de stocker des fichiers en ligne et d'y accéder depuis n'importe quel appareil. Vous pouvez

ensuite télécharger les fichiers sur votre téléphone à partir de l'application de stockage cloud chaque fois que vous en avez besoin.

Partie 2 : Libérez votre créativité

Chapitre 4 : Le guide ultime de l'appareil photo.

L'application appareil photo est l'une des applications les plus utilisées sur un smartphone. C'est un excellent moyen de capturer des souvenirs, de partager des moments avec vos amis et votre famille et même d'être créatif. Le OnePlus Nord CE4 dispose d'un système de caméra puissant capable de prendre de superbes photos et vidéos. Ce guide vous expliquera les bases de l'utilisation de l'application appareil photo sur votre OnePlus Nord CE4.

- Ouverture de l'application Appareil photo : L'application Appareil photo se trouve sur votre écran d'accueil ou dans le tiroir d'applications.
- Prendre une photo : une fois l'application Appareil photo ouverte, vous pouvez simplement pointer l'appareil photo vers votre sujet et appuyer sur le déclencheur pour prendre une photo. Le déclencheur est généralement situé en bas de l'écran.
- Basculement entre les modes photo et vidéo : vous pouvez basculer entre les modes photo et vidéo en faisant glisser votre doigt vers la gauche ou la droite sur l'écran. Le mode actuel sera affiché en bas de l'écran.
- Zoom : vous pouvez effectuer un zoom avant ou arrière en pinçant l'écran avec deux doigts.
- Mise au point : pour faire la mise au point sur un sujet spécifique, appuyez dessus sur l'écran. L'appareil photo ajustera la mise au point pour rendre ce sujet net.

Les fonctions de base

L'application appareil photo sur votre OnePlus Nord CE4 dispose d'un certain nombre de fonctions de base qui peuvent vous aider à prendre de meilleures photos. Voici quelques-uns des plus importants :

- Flash : Le flash peut être utilisé pour éclairer votre sujet dans des conditions de faible luminosité. Vous pouvez activer ou désactiver le flash en appuyant sur l'icône du flash sur l'écran.
- HDR : HDR signifie High Dynamic Range. Le mode HDR peut vous aider à capturer des photos avec plus de détails dans les hautes lumières et les ombres. Vous pouvez activer ou désactiver le mode HDR en appuyant sur l'icône HDR sur l'écran.
- Compensation d'exposition : La compensation d'exposition vous permet d'ajuster la luminosité de vos photos. Vous pouvez faire glisser la barre de compensation d'exposition vers le haut ou vers le bas pour rendre vos photos plus claires ou plus sombres.
- Balance des blancs : la balance des blancs peut vous aider à capturer des photos avec des couleurs plus naturelles. Vous pouvez régler la balance des blancs en appuyant sur l'icône de balance des blancs sur l'écran, puis en sélectionnant le paramètre approprié.
- Modes scène : les modes scène sont des préréglages qui peuvent être utilisés pour optimiser l'appareil photo pour différentes conditions de prise de vue. Par exemple, il

existe un mode scène pour les portraits, les paysages et les gros plans. Vous pouvez sélectionner un mode scène en faisant glisser votre doigt vers le haut sur l'écran, puis en appuyant sur le mode souhaité.

Fonctions des objectifs de caméra du OnePlus Nord CE4

Les spécifications exactes de la caméra OnePlus Nord CE4 n'ont pas encore été officiellement confirmées, mais elle devrait disposer d'un système de caméra arrière à triple objectif. Voici un aperçu des fonctions de chaque objectif basé sur des configurations typiques pour les smartphones de milieu de gamme :

- Objectif principal (capteur principal) : il s'agira de l'objectif à la résolution la plus élevée (probablement 50 MP selon les rumeurs) et est conçu pour la prise de vue quotidienne dans de bonnes conditions d'éclairage. Il capture le plus de détails et gère l'essentiel du traitement de l'image.
- Objectif ultra-large (capteur secondaire) : cet objectif a généralement une résolution inférieure (environ 8 MP) et un champ de vision plus large par rapport au capteur principal. Il est idéal pour capturer de vastes paysages, des photos de groupe dans des espaces restreints ou des situations dans lesquelles vous souhaitez intégrer une plus grande partie de la scène dans le cadre.
- Objectif supplémentaire (macro possible ou capteur de profondeur) : Le troisième objectif peut comporter plusieurs options différentes en fonction de la conception finale.
    - Objectif macro : Cet objectif a une distance focale très courte et vous permet de capturer des plans extrêmement rapprochés avec un niveau de détail

élevé, parfait pour photographier de petits objets comme des fleurs, des insectes ou des textures.
- Capteur de profondeur : cet objectif ne capture pas lui-même une image complète, mais aide le capteur principal à collecter des informations sur la profondeur. Ceci est souvent utilisé pour des fonctionnalités telles que le mode portrait avec des effets de flou d'arrière-plan ou de bokeh.

Voici un tableau résumant les fonctions typiques de chaque objectif :

Lentille	Résolution (rumeur)	Fonction
Capteur principal	50MP	Prise de vue quotidienne, bon éclairage, capture la plupart des détails
Objectif ultra-large	8MP	Large champ de vision, paysages, photos de groupe dans des espaces restreints

| Objectif macro (ou capteur de profondeur) | 2MP-5MP | Prises de vue extrêmement rapprochées, capture de détails (Macro) ou d'informations sur la profondeur (Capteur de profondeur |

Magie du mode photo : capturer de superbes photos

L'appareil photo du OnePlus Nord CE4 dispose d'un mode photo polyvalent, vous permettant de capturer des images à couper le souffle.

- L'éclairage est la clé : la lumière naturelle est votre meilleure amie. Dans la mesure du possible, prenez des photos à l'extérieur ou dans des environnements bien éclairés pour des résultats optimaux.

Ouverture de l'application Appareil photo :

1. Faites glisser votre doigt depuis l'écran d'accueil vers le bas ou accédez au tiroir d'applications pour lancer l'application Appareil photo.

Sélection du mode photo :

1. Par défaut, l'application appareil photo s'ouvre en mode photo. Recherchez les icônes du mode appareil photo en bas de l'écran. Le mode photo doit être mis en surbrillance.

Composer votre photo :

1. Cadrage de l'image parfaite : maintenez votre téléphone stable et positionnez votre sujet dans le cadre. Utilisez le viseur (l'écran de votre téléphone) pour voir la composition de votre photo.
2. Règle des tiers (facultatif) : activez la grille de la règle des tiers (généralement trouvée dans les paramètres de l'appareil photo) pour améliorer la composition. Imaginez diviser l'écran en une grille 3x3. Placez votre sujet à l'un des points d'intersection pour un look plus équilibré.

Exposition et mise au point :

1. Réglage de la luminosité : appuyez une fois sur l'écran sur lequel vous souhaitez définir la mise au point et l'exposition. Un carré jaune apparaîtra sur votre écran pour indiquer le point AF. Vous pouvez également voir une icône de soleil avec un curseur ; faites-le glisser vers le haut ou vers le bas pour régler la luminosité (compensation d'exposition).

Prendre la photo :

1. Capturez l'instant : une fois que vous êtes satisfait de la composition, de la mise au point et de l'exposition, appuyez

sur le déclencheur (généralement un bouton rond en bas de l'écran) pour capturer la photo.

Passage à d'autres modes (facultatif) :

1. Explorez davantage : faites glisser votre doigt vers la gauche ou la droite sur l'écran pour explorer d'autres modes de l'appareil photo comme Portrait, Paysage nocturne ou Vidéo. Chaque mode propose des paramètres spécialisés optimisés pour différents scénarios de prise de vue.

Conseils magiques du mode photo :

- HDR pour les détails : activez le HDR (High Dynamic Range) dans les paramètres pour les photos avec un éclairage équilibré dans les hautes lumières et les ombres (particulièrement utile pour les scènes à contraste élevé).
- Rapprochez-vous pour des photos macro captivantes : Si votre Nord CE4 est équipé d'un objectif macro, rapprochez-vous très près de votre sujet pour capturer de superbes détails en gros plan de fleurs, d'insectes ou de textures.
- Mode rafale pour l'action (en option) : maintenez le bouton de l'obturateur enfoncé pour une rafale de photos, idéal pour capturer des sujets en mouvement rapide ou des photos d'action.

Au-delà des bases:

- Explorer les paramètres : plongez dans les paramètres de l'appareil photo pour découvrir des options supplémentaires telles que le réglage de la balance des blancs, les paramètres du flash et la résolution de l'image.

Expérimentez pour trouver ce qui fonctionne le mieux dans différentes situations.

En suivant ces étapes et en explorant les fonctionnalités créatives du mode photo, vous serez sur la bonne voie pour capturer des photos dignes d'un cadre avec votre OnePlus Nord CE4 !

Puissance du mode Pro : libérez le photographe qui sommeille en vous

Avant que nous commencions :

- Comprendre le mode Pro : le mode Pro vous donne plus de contrôle que le mode Auto. Bien qu'il offre une plus grande liberté de création, il nécessite également une compréhension de base des concepts de photographie tels que l'ISO, la vitesse d'obturation, l'ouverture (simulée sur les smartphones) et la balance des blancs.
- L'expérimentation est la clé : n'ayez pas peur d'expérimenter différents paramètres en mode Pro. Les meilleurs réglages varieront en fonction des conditions d'éclairage, des effets souhaités et de votre vision créative.

Accéder au mode Pro :

1. Lancez l'application Appareil photo : faites glisser votre doigt depuis l'écran d'accueil vers le bas ou localisez l'application Appareil photo dans le tiroir de votre application et appuyez pour l'ouvrir.

2. Passer en mode Pro : recherchez les icônes du mode appareil photo en bas de l'écran. Faites glisser votre doigt vers la droite ou appuyez sur le mode « Pro » pour l'activer. Vous verrez peut-être des icônes de paramètres supplémentaires sur l'écran.

Comprendre les commandes du mode Pro :

- L'interface : L'interface peut varier légèrement en fonction de votre modèle OnePlus Nord CE4, mais vous verrez généralement une vue en direct de votre scène et des curseurs ou boutons pour ajuster divers paramètres.

Maîtriser les paramètres manuels :

- ISO : ISO contrôle la sensibilité à la lumière. Un ISO plus élevé vous permet de capturer des photos dans des conditions de faible luminosité mais peut introduire du grain (bruit) dans l'image. Utilisez une sensibilité ISO inférieure pour des photos plus nettes sous une lumière vive.
- Vitesse d'obturation : cela contrôle la durée pendant laquelle le capteur de la caméra est exposé à la lumière. Une vitesse d'obturation plus lente laisse entrer plus de lumière (idéale en cas de faible luminosité) mais peut rendre flous les sujets en mouvement. Utilisez une vitesse d'obturation plus rapide pour des photos d'action plus nettes.
- Ouverture (simulée) : bien que les smartphones n'aient pas d'ouverture physique, le mode Pro propose souvent un réglage d'ouverture simulé. Un nombre f inférieur simule une ouverture plus large, brouillant l'arrière-plan derrière votre sujet (faible profondeur de champ) et laissant entrer

plus de lumière. Un nombre f plus élevé simule une ouverture plus étroite, gardant une plus grande partie de la scène nette.
- Balance des blancs : Ceci ajuste la température de couleur de votre photo. Choisissez entre des réglages comme l'incandescence, la fluorescence ou la lumière du soleil pour des couleurs plus naturelles dans différentes conditions d'éclairage.
- Focus Peaking (facultatif) : activez cette fonction (si disponible) pour mettre en évidence les zones nettes de l'image mise au point, facilitant ainsi la mise au point manuelle.

Prendre une photo en mode Pro :

1. Ajuster les paramètres : utilisez les curseurs ou les boutons de l'écran pour régler l'ISO, la vitesse d'obturation, l'ouverture (si simulée) et la balance des blancs en fonction du résultat souhaité et des conditions d'éclairage.
2. Mise au point manuelle (facultatif) : appuyez sur l'écran pour définir le point de mise au point. Vous pouvez également voir un curseur de mise au point manuelle pour obtenir une mise au point précise.
3. Capturez la photo : une fois que vous êtes satisfait des paramètres et de la mise au point, appuyez sur le bouton de l'obturateur pour capturer la photo.

Trucs et astuces du mode Pro :

- Utilisez un trépied pour plus de stabilité (en option) : en particulier lorsque vous utilisez des vitesses d'obturation lentes, un trépied minimise le bougé de l'appareil photo pour des images plus nettes.

- Enregistrer les photos RAW (facultatif) : si disponible, envisagez d'enregistrer les photos au format RAW. Les fichiers RAW capturent davantage de données d'image, offrant une plus grande flexibilité pour une édition ultérieure sur des ordinateurs.
- Modes de mesure (facultatif) : certains modes Pro offrent des options de mode de mesure. Expérimentez avec la mesure spot pour concentrer l'exposition sur une zone spécifique ou avec la mesure matricielle pour une exposition équilibrée sur l'ensemble du cadre.

N'oubliez pas que la pratique rend parfait ! Expérimentez avec différents paramètres du mode Pro dans diverses conditions d'éclairage.

Astuce : astuces de photographie de nuit pour des résultats à couper le souffle

Adoptez le mode nuit :

- Magie du mode nuit : la plupart des téléphones OnePlus, y compris le Nord CE4 (d'après les rumeurs), sont dotés d'un mode nuit. Ce mode améliore considérablement la photographie en basse lumière en prolongeant la vitesse d'obturation pour capturer plus de lumière tout en minimisant le flou grâce au traitement logiciel.
- Activation du mode nuit : le mode nuit est généralement indiqué par une icône de lune dans l'interface de l'application appareil photo. Localisez l'icône du mode nuit

et appuyez pour l'activer avant de capturer votre photo de nuit.

Stable le fait :

- Restez immobile : étant donné que le mode nuit utilise une vitesse d'obturation plus lente, il est essentiel de maintenir votre téléphone stable pour éviter le bougé de l'appareil photo. Appuyez-vous contre un objet stable ou utilisez un trépied pour une stabilité maximale, en particulier lorsque vous utilisez des vitesses d'obturation plus longues.
- Mode rafale (facultatif) : même avec un trépied, un léger bougé de l'appareil photo peut se produire. Activez le mode rafale (si disponible) pour capturer plusieurs photos à la fois, augmentant ainsi vos chances d'obtenir une photo de nuit parfaitement nette.

Concentrez-vous sur la lumière :

- Recherchez des sources de lumière : les photos de nuit sont plus belles avec un peu d'éclairage dans la scène. Recherchez des lampadaires, des éclairages de bâtiments ou d'autres sources de lumière pour ajouter des détails et un intérêt visuel à votre photo.
- Jouez avec les traînées de lumière (facultatif) : s'il y a des véhicules en mouvement dans la scène la nuit, essayez d'utiliser une vitesse d'obturation plus lente (en mode nuit ou en mode Pro) pour créer des traînées de lumière à partir de leurs phares, ajoutant ainsi une touche dynamique à votre photo.

Nombre de compositions :

- Règle des tiers (facultatif) : comme pour la photographie de jour, tenez compte de la règle des tiers pour composer vos photos de nuit. Placez votre sujet décentré à l'un des points d'intersection de la grille imaginaire 3x3 pour créer une composition plus équilibrée et visuellement agréable.
- Lignes directrices (facultatif) : recherchez les lignes directrices dans votre scène nocturne, telles que des routes, des ponts ou des voies ferrées, qui attirent l'œil du spectateur sur la photo.

Au-delà des bases:

- Réglage de l'exposition (facultatif) : si le mode nuit est trop clair ou trop sombre, certaines applications d'appareil photo vous permettent d'ajuster la compensation d'exposition en mode nuit pour affiner la luminosité de votre photo.
- Magie de l'édition : après avoir capturé votre photo de nuit, pensez à utiliser des applications de retouche photo pour améliorer les couleurs, ajuster les ombres et les reflets ou ajouter des filtres créatifs.

Avec ces astuces de photographie de nuit et les capacités du mode nuit de votre OnePlus Nord CE4, vous serez sur la bonne voie pour capturer des images captivantes en basse lumière qui mettent en valeur la beauté de la nuit !

Fonctionnalité cachée : libérer la puissance du mode portrait

Le mode Portrait n'est peut-être pas la fonctionnalité la plus obscure, mais il offre des profondeurs cachées pour capturer de superbes portraits avec une touche professionnelle.

Comprendre le mode portrait :

- Flou d'arrière-plan : le mode Portrait utilise des techniques logicielles pour flouter l'arrière-plan derrière votre sujet, créant ainsi un effet de faible profondeur de champ similaire à celui des appareils photo haut de gamme. Cela isole et met en valeur votre sujet pour un look plus artistique et professionnel.

Activation du mode portrait :

1. Lancez l'application Appareil photo : faites glisser votre doigt depuis l'écran d'accueil vers le bas ou recherchez l'application Appareil photo dans le tiroir de votre application et appuyez pour l'ouvrir.
2. Passer en mode portrait : recherchez les icônes du mode appareil photo en bas de l'écran. Faites glisser votre doigt vers la droite ou appuyez sur le mode « Portrait » pour l'activer.

Encadrer votre portrait :

1. Composez la photo : placez votre sujet dans le cadre, en gardant un œil sur les lignes directrices de distance qui peuvent apparaître à l'écran. Une distance idéale pour le mode portrait est généralement indiquée.

Se concentrer sur votre sujet :

1. Verrouillage de la mise au point : appuyez sur le visage de votre sujet sur l'écran pour vous assurer qu'il est bien mis au point.

Capturez le moment parfait :

1. Prenez la photo : une fois que vous êtes satisfait de la composition et de la mise au point, appuyez sur le déclencheur pour capturer le portrait.

Techniques avancées du mode portrait :

- Mode Beauté (facultatif) : Certains modes Portrait offrent un mode Beauté qui peut adoucir les tons chair et les imperfections. Utilisez cette fonctionnalité avec parcimonie pour éviter un aspect artificiel.
- Effets d'éclairage (facultatif) : certains modes portrait offrent différents effets d'éclairage, comme l'éclairage de studio, l'éclairage de scène ou le noir et blanc. Expérimentez-les pour ajouter une touche unique à vos portraits.
- Ajustement du bokeh (facultatif) : après avoir capturé la photo, certaines applications d'appareil photo vous permettent d'ajuster la quantité de flou d'arrière-plan dans les photos en mode portrait.

Conseils pour le mode portrait professionnel :

- L'éclairage naturel est la clé : pour de meilleurs résultats, utilisez le mode Portrait à l'extérieur, à la lumière naturelle ou dans un environnement bien éclairé. Évitez les ombres dures ou le contre-jour.
- Arrière-plans simples : les arrière-plans chargés peuvent détourner l'attention de votre sujet. Optez pour des arrière-plans épurés ou simples pour faire ressortir votre portrait.
- Rapprochez-vous (si possible) : tout en maintenant une distance confortable, essayez de vous rapprocher un peu de votre sujet pour remplir le cadre et créer une sensation plus intime.

Au-delà des bases:

- Configuration de l'éclairage du studio (facultatif) : pour plus de contrôle sur l'éclairage, envisagez d'utiliser un anneau lumineux ou d'autres configurations d'éclairage doux spécialement conçues pour la photographie de portrait.
- Magie de l'édition : les applications d'édition peuvent améliorer davantage vos photos en mode portrait. Vous pouvez régler la luminosité, le contraste, les couleurs ou même ajouter des filtres artistiques.

Chapitre 5 : Étoile vidéo

Enregistrement de vidéos épiques : paramètres et conseils pour réussir

Votre OnePlus Nord CE4 n'est pas qu'un simple appareil photo ; c'est une puissante caméra vidéo qui attend d'être libérée ! Ce guide vous fournira les paramètres essentiels et des conseils de pro pour capturer des vidéos épiques qui inciteront vos spectateurs à aimer et à s'abonner.

Choisir le bon mode d'enregistrement vidéo sur votre OnePlus Nord CE4

- Résolution et fréquence d'images : l'application appareil photo propose probablement diverses options de résolution vidéo (par exemple, 1080p, 4K) et fréquences d'images (par exemple, 30 ips, 60 ips). Des résolutions et des fréquences d'images plus élevées donnent généralement des vidéos plus nettes et plus fluides, mais s'accompagnant également de fichiers de plus grande taille.

- Ralenti et accéléré : explorez les modes ralenti et accéléré pour ajouter une touche créative à vos vidéos. Le ralenti capture des séquences à une fréquence d'images plus lente pour les lire à une vitesse plus rapide, créant ainsi un effet de ralenti spectaculaire. Timelapse condense de longues périodes en vidéos plus courtes, parfaites pour présenter des événements qui se déroulent au fil du temps.

Choisir les bons paramètres :

1. Lancez l'application Appareil photo : faites glisser votre doigt depuis l'écran d'accueil vers le bas ou recherchez l'application Appareil photo dans le tiroir de votre application et appuyez pour l'ouvrir.
2. Passer en mode vidéo : recherchez les icônes du mode caméra en bas de l'écran. Faites glisser votre doigt vers la droite ou appuyez sur le mode « Vidéo » pour l'activer.
3. Résolution vidéo et fréquence d'images : appuyez sur l'icône des paramètres (généralement un engrenage) et explorez les options de résolution vidéo et de fréquence d'images disponibles. Choisissez un paramètre qui correspond le mieux à vos besoins. Pour une bonne qualité et un partage sur les réseaux sociaux, 1080p à 30 ips est un bon point de départ. La 4K offre une qualité encore plus nette mais consomme plus d'espace de stockage.
4. Stabilisation (facultatif) : si votre application d'appareil photo propose une stabilisation vidéo, activez-la pour minimiser les tremblements de vos vidéos. Ceci est particulièrement utile si vous photographiez à main levée.

Conseil de pro : vérifiez l'espace de stockage de votre téléphone avant d'enregistrer de longues vidéos en haute résolution.

Filmer comme un pro :

- L'éclairage est la clé : tout comme pour les photos, un bon éclairage est essentiel pour des vidéos de qualité. Photographiez à l'extérieur à la lumière naturelle autant que possible ou utilisez des environnements bien éclairés à l'intérieur.

- Faites attention à l'audio : le microphone intégré de votre téléphone peut capter des bruits de fond indésirables. Pensez à utiliser un microphone externe pour un son plus clair, en particulier dans les environnements bruyants.
- Stabilisez vos prises de vue : les vidéos tremblantes peuvent distraire les spectateurs. Tenez votre téléphone stable avec les deux mains ou utilisez un trépied pour une stabilité maximale. Vous pouvez également explorer les cardans de smartphone pour un enregistrement vidéo plus fluide.
- Composez vos photos : pensez à la composition de vos vidéos comme vous le feriez pour des photos. Utilisez la règle des tiers (grille imaginaire 3x3) pour positionner votre sujet et créer un cadre équilibré.
- Mise au point et exposition : appuyez sur l'écran pour définir la mise au point et l'exposition de votre sujet. Cela garantit qu'ils sont nets et bien éclairés dans la vidéo.
- Zoomez en douceur : évitez les mouvements de zoom saccadés. Effectuez un zoom avant et arrière lentement et progressivement pour un look plus soigné.

Magie du montage :

- Éditeur intégré (facultatif) : la plupart des applications d'appareil photo sont livrées avec des outils d'édition vidéo de base. Vous pouvez découper des clips, ajouter des transitions ou même inclure de la musique de fond.
- Applications de montage tierces : explorez de puissantes applications de montage vidéo tierces pour des options de montage plus avancées telles que l'étalonnage des couleurs, l'ajout de superpositions de texte ou l'incorporation d'effets spéciaux.

En suivant ces paramètres et conseils, vous serez sur la bonne voie pour enregistrer des vidéos épiques avec votre OnePlus Nord CE4. Avec un peu de pratique et de créativité, vous deviendrez un pro de la vidéographie mobile en un rien de temps !

Montage comme un pro : outils intégrés pour peaufiner vos chefs-d'œuvre

La magie ne s'arrête pas une fois que vous avez capturé cette photo parfaite ou enregistré cette vidéo épique sur votre OnePlus Nord CE4. Les outils d'édition intégrés transforment vos images brutes en chefs-d'œuvre raffinés que vous serez fier de partager. Ce guide dévoilera le potentiel de ces outils, vous permettant d'éditer comme un pro directement depuis votre téléphone.

Libération de l'éditeur intégré :

1. Recherchez vos photos et vidéos : ouvrez votre application Galerie ou la section Photos de l'application Appareil photo pour localiser la photo ou la vidéo que vous souhaitez modifier.
2. Lancez l'éditeur : appuyez sur le bouton "Modifier" associé à la photo ou à la vidéo choisie. Cela ouvrira la suite d'édition intégrée.

Explorer les options d'édition :

- Ajustements de base : les ajustements tels que la luminosité, le contraste et la saturation sont fondamentaux.

Jouez avec ces curseurs pour améliorer l'apparence générale de votre photo ou vidéo.
- Recadrage et rotation : affinez la composition de votre image en recadrant les zones indésirables ou en la faisant pivoter pour une meilleure perspective.
- Filtres : la plupart des éditeurs intégrés proposent une variété de filtres qui peuvent ajouter une touche unique à vos photos. Expérimentez avec différents filtres pour en trouver un qui complète votre image.
- Édition ponctuelle (facultatif) : certains éditeurs autorisent des ajustements sélectifs, vous permettant de modifier des zones spécifiques de votre photo (comme éclaircir un visage sombre) pour un aspect plus équilibré.

Montage de vidéos :

- Découpage : découpez les séquences indésirables du début ou de la fin de votre vidéo pour resserrer le rythme et vous concentrer sur les parties les plus importantes.
- Ajout de superpositions de texte (facultatif) : incluez des légendes ou des titres dans votre vidéo à l'aide de superpositions de texte. Cela peut être utile pour ajouter du contexte ou des informations.
- Musique de fond (facultatif) : insufflez des émotions à votre vidéo en ajoutant une musique de fond à partir de la bibliothèque intégrée ou de votre propre collection musicale.

Enregistrer vos modifications :

- Enregistrer et partager : une fois que vous êtes satisfait de vos modifications, enregistrez la version finale en tant que nouveau fichier. Vous pouvez ensuite partager votre chef-d'œuvre édité directement sur les réseaux sociaux ou les applications de messagerie.

Conseils d'édition professionnels :

- Soyez subtil : même si les outils d'édition sont tentants, évitez de suréditer vos photos ou vidéos. Des ajustements subtils conduisent souvent aux résultats les plus naturels.
- Avant et après : utilisez la fonction d'affichage "Avant et Après" (si disponible) pour comparer votre séquence originale avec la version montée, vous aidant ainsi à visualiser l'impact de vos modifications.
- Enregistrer des copies (facultatif) : pensez à enregistrer une copie de votre photo ou vidéo originale avant de la modifier. Cela vous permet de revenir en arrière et d'apporter des modifications si nécessaire.

Les outils d'édition intégrés à votre OnePlus Nord CE4 sont une mine d'or pour transformer vos photos et vidéos en créations époustouflantes. Avec un peu de pratique et d'exploration, vous éditerez comme un pro et partagerez du contenu dont vous serez fier !

Alerte astuce : ralenti et accéléré : ajoutez de la créativité à vos vidéos

Vous souhaitez ajouter un peu d'effet wow à vos vidéos ? Ne cherchez pas plus loin que les fonctionnalités de ralenti et d'accéléré intégrées à votre OnePlus Nord CE4 ! Ces modes créatifs vous permettent de manipuler le temps, transformant les moments quotidiens en ralentis spectaculaires ou en voyages accélérés.

Magie au ralenti :

- L'effet : le ralenti capture les images à une fréquence d'images plus élevée que celle à laquelle elles seront lues. Cela crée un effet de ralenti spectaculaire, idéal pour mettre en valeur des moments spécifiques comme un tir sauté ou une éclaboussure d'eau.
- Activation du ralenti : bien que les interfaces des applications de caméra puissent varier légèrement, le ralenti est généralement indiqué par une icône ou un paramètre spécifique dans le menu du mode vidéo. Recherchez l'option de ralenti et activez-la avant d'enregistrer votre vidéo.
- Capturer l'instant : enregistrez votre vidéo comme vous le feriez normalement, en vous concentrant sur la capture de l'action que vous souhaitez voir au ralenti. N'oubliez pas que le mode ralenti peut limiter la résolution vidéo, alors vérifiez les paramètres au préalable.
- Lecture et montage : une fois enregistrée, lisez votre vidéo pour voir l'effet de ralenti. Vous pouvez souvent découper le clip pour isoler le moment spécifique au ralenti que vous souhaitez présenter. Certains éditeurs intégrés peuvent même vous permettre d'ajuster l'intensité de l'effet de ralenti.

Rebondissements en accéléré :

- L'effet : le time-lapse condense une longue période de temps en une vidéo plus courte. C'est parfait pour capturer des événements lents comme un coucher de soleil, des fleurs épanouies ou des rues animées de la ville.

- Activation du Time-Lapse : Semblable au ralenti, le time-lapse aura probablement sa propre icône ou son propre paramètre dans le menu du mode vidéo. Recherchez et activez l'option time-lapse avant l'enregistrement.
- Choisir votre vitesse : certains modes accélérés peuvent offrir différentes options de vitesse. Expérimentez pour trouver le bon rythme pour votre vidéo. Une vitesse plus rapide condensera considérablement le temps, tandis qu'une vitesse plus lente créera un effet plus subtil.
- Enregistrement et stabilisation : installez votre téléphone en toute sécurité, idéalement à l'aide d'un trépied pour minimiser les tremblements pendant la longue durée d'enregistrement. N'oubliez pas que même de petits mouvements peuvent être choquants dans une vidéo accélérée.
- Édition et partage : une fois enregistrée, vous pouvez éditer votre vidéo accélérée comme n'importe quelle autre vidéo, en coupant les parties indésirables ou en ajoutant une musique de fond pour une sensation plus soignée. Partagez vos créations time-lapse pour épater vos amis et votre famille au fil du temps !

Conseil de pro :

- Planifiez votre time-lapse : réfléchissez à ce que vous souhaitez capturer dans votre time-lapse et choisissez un emplacement avec une vue claire du sujet. Pour de meilleurs résultats, assurez-vous qu'il y a suffisamment de changements tout au long de la période pour créer une vidéo visuellement intéressante.

En incorporant des effets de ralenti et de time-lapse dans vos vidéos, vous ajouterez une touche de créativité et capturerez le monde d'une toute nouvelle manière. Alors prenez votre OnePlus Nord CE4, explorez ces fonctionnalités intéressantes et libérez l'assistant vidéo qui sommeille en vous !

Partie 3 : Divertissement à la demande

Chapitre 6 : Gloire du jeu

Optimiser votre Nord CE4 pour un gameplay fluide

Transformez votre OnePlus Nord CE4 en une centrale de jeu mobile avec ces instructions étape par étape ! Surmontez le décalage et profitez d'un gameplay fluide en suivant ces optimisations :

1. Libérez la puissance de l'espace de jeu (ou une fonctionnalité similaire) :

- Faites glisser votre doigt vers le haut sur votre écran d'accueil ou localisez l'application Game Space dans le tiroir de votre application et appuyez pour l'ouvrir. (Si votre Nord CE4 ne dispose pas d'une application Game Space dédiée, passez à l'étape 2).
- Explorez les fonctionnalités de Game Space. Vous pourriez trouver des options telles que :
  - Bloquer les notifications pour rester immergé dans votre jeu.
  - Lancement rapide pour les jeux fréquemment joués.
  - Améliorations des performances pour optimiser la puissance de traitement.
  - Mode Eco pour économiser la batterie pendant les sessions de jeu prolongées (les paramètres réglables peuvent offrir un équilibre).

2. Activez le taux de rafraîchissement élevé (le cas échéant) :

- Accédez à votre application Paramètres.
- Accédez aux paramètres d'affichage (peut être nommé différemment).
- Recherchez une option telle que « Taux de rafraîchissement » ou « Afficher le taux de rafraîchissement ».
- Si disponible, choisissez l'option de taux de rafraîchissement la plus élevée (par exemple, 90 Hz ou 120 Hz) pour des visuels plus fluides dans les jeux rapides.
- N'oubliez pas : un taux de rafraîchissement plus élevé peut consommer un peu plus de batterie.

3. Ajustez les paramètres graphiques du jeu :

- Lancez votre jeu préféré.
- Recherchez un menu de paramètres dans le jeu (généralement une icône comme un rouage ou un engrenage).
- Explorez les paramètres graphiques. Vous pourriez trouver des options à ajuster :
    - Résolution : réduire la résolution peut améliorer considérablement les performances.
    - Qualité de la texture – Réduire la qualité de la texture peut améliorer les performances sans impact visuel majeur.
    - Fréquence d'images - Visez une fréquence d'images stable. Le réduire peut améliorer les performances.
- Expérimentez avec ces paramètres pour trouver le meilleur équilibre entre qualité visuelle et gameplay fluide pour votre téléphone.

4. Apprivoiser les applications en arrière-plan :

- Faites glisser votre doigt depuis le bas de votre écran (ou utilisez des gestes spécifiques au modèle de votre téléphone) pour afficher les applications ouvertes.

- Supprimez toutes les applications inutiles dont vous n'avez pas besoin pour s'exécuter en arrière-plan.
- Cela libère des ressources système, améliorant potentiellement les performances de jeu.

Considérations sur la batterie et les performances :

5. Mode économie de batterie (facultatif) :

- Accédez à votre application Paramètres.
- Recherchez « Batterie » ou « Économiseur de batterie ».
- Si vous êtes confronté à un décalage important et donnez la priorité à une expérience de jeu fluide plutôt qu'à la durée de vie de la batterie, envisagez de désactiver temporairement le mode Économiseur de batterie pendant que vous jouez.
- N'oubliez pas de le réactiver plus tard pour économiser la batterie pour une utilisation quotidienne.

6. Mode Performance (facultatif, non disponible sur tous les téléphones) :

- Vérifiez si votre téléphone dispose d'un paramètre Mode Performance (consultez votre manuel d'utilisation en cas de doute).
- Ce mode donne la priorité à la puissance de traitement, améliorant potentiellement les performances des jeux exigeants.
- Activez le mode Performance uniquement lorsque cela est nécessaire, car cela pourrait vider la batterie plus rapidement.

7. Gérer la chaleur :

- L'utilisation d'une manette de jeu ou d'une manette avec des gâchettes d'épaule peut empêcher vos doigts d'obscurcir

certaines parties de l'écran, en particulier dans les jeux rapides.
- Faites des pauses pendant les sessions de jeu prolongées, surtout si votre téléphone est chaud. Cela permet à votre téléphone de refroidir et évite les problèmes potentiels de surchauffe.

8. **Explorez les applications de jeu tierces (facultatif) :**

- Plusieurs applications de jeux tierces prétendent optimiser les paramètres du téléphone et améliorer les performances spécifiquement pour les jeux. Ceux-ci peuvent valoir la peine d'être explorés, mais soyez prudent :
    - Téléchargez uniquement à partir de sources réputées avec de bonnes critiques.
    - Lisez les avis pour comprendre les fonctionnalités de l'application et ses inconvénients potentiels avant de l'installer.

Explorer l'espace de jeu : des fonctionnalités pour chaque joueur

Le OnePlus Nord CE4 possède un joyau caché pour les joueurs mobiles : Game Space. Ce hub unique est conçu pour améliorer votre expérience de jeu en optimisant les paramètres, en offrant des améliorations de performances et en fournissant un environnement sans distraction. Libérons le potentiel de Game Space et transformons votre Nord CE4 en une centrale de jeu mobile !

Dévoilement des fonctionnalités :

- Launchpad for Champions : Game Space organise soigneusement tous vos jeux installés en un seul endroit.

Plus besoin de chercher dans les dossiers d'applications : accédez directement à vos titres préférés en un seul clic.
- Ne pas déranger : plongez-vous dans le jeu sans interruption. Game Space peut bloquer les notifications et les appels, vous garantissant ainsi de rester concentré sur la conquête des objectifs et la victoire.
- Optimisation des performances (facultatif) : certains téléphones OnePlus dotés de Game Space vous permettent d'allouer plus de puissance de traitement à vos jeux. Cela peut se traduire par un gameplay plus fluide, en particulier pour les titres exigeants.
- Network Boost (facultatif) : vivez une expérience de jeu plus stable avec des fonctionnalités telles que la priorisation du réseau (si disponible). Cela garantit que votre jeu reçoit une bande passante réseau optimale pour une session sans décalage.
- Haptic Boost (facultatif) : améliorez votre sensation de jeu grâce aux ajustements du retour haptique (sur les modèles pris en charge). Ajustez l'intensité des vibrations pour une expérience de jeu plus immersive et réactive.
- Changeur de voix (facultatif) : libérez le farceur qui sommeille en vous ou créez un personnage unique avec une fonction de changement de voix (sur les modèles pris en charge). Ajoutez une touche de plaisir à vos interactions en ligne avec vos amis.
- Mode Clutch Pro-Gaming (en option) : activez le mode Pro-Gaming pour bloquer les touches accidentelles sur la barre de navigation et les bords de l'écran, empêchant ainsi les actions indésirables lors de sessions de jeu intenses (sur les modèles pris en charge).

Au-delà des bases:

- Interface personnalisable : embellissez votre espace de jeu avec des thèmes ! Modifiez la mise en page et l'arrière-plan en fonction de votre style de jeu et de votre personnalité (la disponibilité peut varier).

- Statistiques de jeu : suivez votre progression dans le jeu et analysez vos performances grâce aux statistiques du jeu. Découvrez combien de temps vous avez investi dans vos titres préférés et identifiez les domaines à améliorer.
- Fonctionnalités communautaires (facultatif) : certaines versions de Game Space proposent des fonctionnalités communautaires qui vous permettent de vous connecter avec d'autres joueurs, de partager des expériences et de participer à des discussions (la disponibilité peut varier).

Libérer le potentiel de l'espace de jeu :

1. Accédez à Game Space : faites glisser votre doigt depuis votre écran d'accueil vers le haut ou localisez l'application Game Space dans le tiroir de votre application et appuyez pour l'ouvrir.
2. Explorez les fonctionnalités : plongez dans les différents paramètres et options de Game Space. Expérimentez et personnalisez-le en fonction de vos préférences de jeu.
3. Optimisation avant le jeu : avant de lancer un jeu, envisagez d'activer les optimisations de performances (si disponibles) et d'ajuster les paramètres tels que l'amélioration du réseau ou le retour haptique pour une expérience sur mesure.
4. Ne pas déranger : activez le mode Ne pas déranger pour éliminer les distractions et vous immerger pleinement dans le jeu.

Avec Game Space à vos côtés, votre OnePlus Nord CE4 se transforme en un compagnon de jeu mobile riche en fonctionnalités. Explorez les fonctionnalités, personnalisez vos paramètres et dominez la concurrence !

Fonctionnalité cachée : déverrouillage des paramètres de jeu avancés

Après avoir conquis les bases de l'espace de jeu, il est temps de libérer le véritable potentiel des prouesses de jeu de votre OnePlus Nord CE4 !

Gemmes avancées dans l'espace de jeu :

- Optimisation graphique : certains téléphones OnePlus dotés de Game Space peuvent offrir des fonctionnalités expérimentales telles que l'optimisation graphique. Cela pourrait vous permettre de modifier la résolution ou la fréquence d'images du jeu pour des performances potentiellement plus fluides. Gardez à l'esprit que cela peut affecter la qualité visuelle, alors expérimentez avec prudence.
- Optimisation de la réponse tactile : pour les jeux rapides qui reposent fortement sur les commandes tactiles, explorez les paramètres d'optimisation de la réponse tactile (si disponibles). Cela pourrait améliorer la sensibilité tactile pour des actions plus rapides et plus précises dans le jeu.

S'aventurer au-delà de l'espace de jeu :

- Options de développement (procédez avec prudence) : pour les joueurs chevronnés désireux d'approfondir leurs connaissances, envisagez de vous aventurer dans les options de développement (recherchez au préalable des didacticiels en ligne pour éviter l'instabilité). Ici, vous pouvez trouver des paramètres cachés liés à l'échelle d'animation ou aux profils de performances qui peuvent potentiellement améliorer les performances de jeu, mais soyez prudent car des ajustements inappropriés peuvent entraîner des problèmes.

Équipement externe pour un gameplay amélioré :

- Grandeur de la manette de jeu : améliorez votre expérience en associant votre OnePlus Nord CE4 à une manette de jeu ou une manette Bluetooth pour une sensation de console dans les jeux pris en charge. Cela peut améliorer l'ergonomie et offrir des contrôles plus précis, notamment pour les titres complexes.
- Solutions de refroidissement : pour des sessions de jeu prolongées, envisagez d'utiliser une coque de téléphone avec des ventilateurs de refroidissement intégrés ou un accessoire de refroidissement séparé. Cela permet d'éviter la surchauffe, qui peut ralentir les performances et gêner votre jeu.

Stratégies avancées d'optimisation du réseau :

1. Priorisation Wi-Fi : si vous utilisez le Wi-Fi, certains routeurs proposent des paramètres de priorisation. Accordez à votre OnePlus Nord CE4 la priorité du trafic de jeu pour minimiser le décalage causé par d'autres appareils sur le réseau.
2. Optimisation des données mobiles : si les données mobiles sont votre principale source de jeux, certains opérateurs proposent des fonctionnalités d'optimisation des données pour des jeux spécifiques. Ceux-ci peuvent donner la priorité aux paquets de données de jeu pour une expérience plus fluide (consultez votre opérateur pour plus de détails).

Chapitre 7 : Maestro de la musique

Diffusez vos morceaux préférés : meilleures applications musicales

Les services de musique en streaming ont révolutionné la façon dont nous écoutons de la musique. Avec une grande variété d'applications de streaming musical disponibles, vous pouvez accéder à des millions de chansons à la demande, le tout moyennant un abonnement mensuel. Voici quelques-unes des meilleures applications de streaming musical à considérer :

- Spotify : Spotify est l'un des services de streaming musical les plus populaires au monde, offrant une vaste bibliothèque de plus de 80 millions de chansons. Il dispose d'une interface conviviale, de listes de lecture personnalisées et de la possibilité d'écouter de la musique hors ligne. Vous pouvez choisir entre un niveau gratuit avec des publicités ou un niveau premium pour une écoute sans publicité et un son de meilleure qualité.

- Apple Music : Apple Music est un excellent choix pour les utilisateurs Apple, offrant une intégration étroite avec les appareils Apple et la bibliothèque musicale iCloud. Il possède une bibliothèque de plus de 90 millions de chansons et propose des listes de lecture organisées, du contenu exclusif et des stations de radio en direct. Apple Music propose un essai gratuit, puis nécessite un abonnement mensuel.

- Amazon Music : Amazon Music est fourni avec les abonnements Amazon Prime, vous donnant accès à des millions de chansons et à des milliers de listes de lecture. Il propose également une sélection de podcasts à la demande. Si vous êtes déjà membre Prime, Amazon Music est une excellente option à explorer, surtout si vous utilisez d'autres services Amazon. En plus du niveau Prime, il existe également un niveau d'abonnement Amazon Music Unlimited distinct avec une qualité audio supérieure et davantage de fonctionnalités.

- YouTube Music : YouTube Music est une option solide pour ceux qui sont déjà fortement investis dans l'écosystème YouTube. Il propose un streaming de musique financé par la publicité ainsi que des vidéos musicales, le tout intégré à votre compte YouTube. Il existe également un niveau premium qui supprime les publicités et permet la lecture en arrière-plan.

- Tidal : Tidal est connu pour son streaming audio haute fidélité, proposant de la musique aux formats FLAC et MQA pour les audiophiles qui recherchent la meilleure qualité sonore possible. Il possède une bibliothèque de plus de 80 millions de chansons et propose des listes de lecture organisées et du contenu exclusif. Tidal propose un essai gratuit, puis nécessite un abonnement mensuel.

Ce ne sont là que quelques-unes des nombreuses applications de streaming musical disponibles. La meilleure application pour vous dépendra de vos besoins et préférences individuels. Tenez compte de facteurs tels que la bibliothèque musicale, la qualité du son, le prix et la compatibilité des appareils lorsque vous prenez votre décision.

Utilisation du lecteur de musique intégré : fonctionnalités avancées que vous avez peut-être manquées

Alors que les services de streaming musical offrent de vastes bibliothèques, le lecteur de musique intégré à votre OnePlus Nord CE4 peut être un outil étonnamment puissant. Regardez au-delà de la simple lecture de chansons et découvrez des fonctionnalités cachées pour améliorer votre expérience d'écoute !

Dévoilement de l'arsenal audio :

- Égaliseur : libérez l'audiophile qui sommeille en vous avec l'égaliseur ! Il vous permet d'affiner les fréquences audio (graves, aigus, médiums) à votre guise. Jouez avec les préréglages ou créez des profils personnalisés pour différents genres, en mettant l'accent sur les basses percutantes du rock ou les aigus nets de la musique classique.
- Son personnalisable (facultatif) : certaines versions du lecteur de musique OnePlus Nord CE4 peuvent offrir des effets sonores supplémentaires comme un son surround ou une amplification des basses. Bien que ces effets ne conviennent pas à tout le monde, ils peuvent ajouter de la profondeur à votre musique, en particulier lorsque vous

utilisez des écouteurs. Expérimentez et voyez s'ils améliorent votre plaisir.
- Ajustements de la vitesse de lecture (facultatif) : Cette fonctionnalité vous permet d'ajuster la vitesse de lecture de votre musique. C'est utile pour les musiciens qui pratiquent une chanson à un rythme plus lent ou pour les apprenants en langues qui affinent leur compréhension orale en ralentissant la parole.

Organisez et conquérez votre bibliothèque musicale :

- Puissance des listes de lecture : les listes de lecture sont votre clé pour organiser votre collection musicale et créer des expériences d'écoute personnalisées. Regroupez les chansons par genre, humeur, activité ou tout ce qui stimule votre créativité. Le lecteur de musique doit vous permettre de créer, modifier et réorganiser facilement des listes de lecture pour en profiter lors de vos déplacements.
- Potentiel de liste de lecture intelligente (facultatif) : certains lecteurs de musique avancés OnePlus Nord CE4 peuvent proposer des listes de lecture intelligentes qui se remplissent automatiquement en fonction des critères que vous avez définis. Par exemple, créez une liste de lecture intelligente qui se met automatiquement à jour avec les chansons récemment ajoutées ou celles que vous n'avez pas écoutées depuis un certain temps.
- Magie des métadonnées : assurez-vous que votre bibliothèque musicale dispose des pochettes d'album et des métadonnées appropriées (artiste, nom de l'album, genre) pour une expérience plus riche. Le lecteur de musique devrait vous permettre de modifier ces informations manuellement ou de les récupérer automatiquement à partir

de bases de données en ligne. Avoir tout organisé facilite la navigation dans votre bibliothèque.

Au-delà des bases de la lecture :

- Lecture sans interruption : pour une expérience d'écoute véritablement immersive, en particulier pour la musique classique ou les albums concept, activez la lecture sans interruption. Cela élimine le silence entre les chansons, créant un flux musical fluide et ininterrompu.
- Chantez avec les paroles (facultatif) : écoutez vos morceaux préférés ! Certains lecteurs de musique peuvent s'intégrer à des bases de données de paroles, vous permettant d'afficher les paroles synchronisées avec la musique.
- Minuterie de mise en veille : endormez-vous au son de mélodies apaisantes. Réglez une minuterie de mise en veille pour arrêter automatiquement la lecture après une durée spécifique, afin de vous assurer de ne pas vider votre batterie pendant la nuit.

En explorant ces fonctionnalités cachées, vous pouvez transformer le lecteur de musique de votre OnePlus Nord CE4 d'une application de base en un outil puissant pour personnaliser et améliorer votre expérience audio. N'ayez pas peur d'expérimenter les paramètres et de découvrir le véritable potentiel de votre lecteur de musique intégré !

Astuce : paramètres de l'égaliseur pour un son personnalisé

L'égaliseur intégré à votre téléphone ou lecteur de musique peut être un outil puissant pour personnaliser votre expérience d'écoute. Mais avec tous ces curseurs et boutons, par où commencer ? N'ayez crainte, vous êtes sur le point de devenir un maître de l'égalisation !

Comprendre le spectre de fréquences :

- Basses (basses fréquences) : Cette gamme contrôle les bruits sourds et les grondements graves, souvent associés aux grosses caisses et aux guitares basses. Renforcer les basses peut ajouter de la chaleur et de la profondeur, mais trop peut rendre le son boueux.
- Médiums (fréquences moyennes) : C'est là que résident la plupart des voix et des instruments. Les guitares, les claviers et le chant occupent tous le milieu de gamme. Le réglage des médiums peut affecter la clarté et le corps du son.
- Treble (Hautes Fréquences) : Cette plage contrôle la luminosité et la netteté du son, souvent associé aux cymbales, aux caisses claires et aux charleys. Augmenter les aigus peut ajouter des détails et de l'éclat, mais trop peut conduire à de la dureté.

Paramètres d'égalisation pour différents genres :

- Genres riches en basses (électronique, hip-hop) : commencez par une légère augmentation de la plage des basses (environ 50-100 Hz) pour accentuer le punch des

basses fréquences. Gardez les médiums légèrement réduits pour éviter la boue. Une touche de boost des aigus (environ 10 kHz) peut ajouter de la luminosité.
- Genres axés sur la voix (Pop, Rock) : concentrez-vous sur le maintien des médiums clairs et présents (environ 1 à 2 kHz). Vous pouvez ajouter une légère augmentation des basses pour plus de chaleur, mais évitez d'en faire trop. Une subtile augmentation des aigus peut ajouter de l'air et des détails.
- Genres acoustiques (Folk, Country) : Pour un son naturel, visez un égaliseur équilibré avec un minimum d'ajustements. Une légère augmentation des médiums peut améliorer le corps des instruments et du chant.

Conseils de pro pour la maîtrise de l'égalisation :

- Commencez par de petits ajustements : un petit peu suffit avec l'égalisation. Faites de petits ajustements à chaque bande de fréquence et écoutez attentivement les changements.
- Utilisez des enregistrements de référence : si vous n'êtes pas sûr du son d'un ajustement, essayez d'utiliser une chanson bien produite que vous connaissez comme référence.
- Tenez compte de votre environnement d'écoute : L'acoustique de votre environnement peut affecter la façon dont vous percevez le son. Les paramètres d'égalisation qui sonnent bien avec un casque peuvent nécessiter des ajustements pour une écoute sur des haut-parleurs.
- N'ayez pas peur d'expérimenter ! La beauté de l'EQ est qu'il n'y a pas de bonne ou de mauvaise réponse. Expérimentez avec différents réglages et trouvez ce qui vous convient le mieux. En comprenant le spectre de

fréquences et comment il affecte différents genres de musique, vous pouvez utiliser l'égaliseur pour créer une expérience d'écoute personnalisée. Alors, prenez votre musique préférée, lancez l'égaliseur et libérez l'ingénieur du son qui sommeille en vous !

P.art 4 : Maîtriser son quotidien

Chapitre 8 : Centrale de productivité

Applications essentielles pour tous les besoins

Communication:

- Téléphone : L'application téléphonique intégrée à votre smartphone vous permet de passer et de recevoir des appels téléphoniques.

- Messages : L'application de messagerie intégrée à votre smartphone vous permet d'envoyer et de recevoir des messages texte (SMS) et multimédia (MMS) vers d'autres numéros de téléphone.

- WhatsApp : WhatsApp est une application de messagerie gratuite qui vous permet d'envoyer et de recevoir des messages texte, des appels vocaux, des appels vidéo et des photos avec d'autres utilisateurs de WhatsApp sur Internet.

- Signal : Signal est une application de messagerie gratuite axée sur la confidentialité et la sécurité. Il offre des fonctionnalités similaires à WhatsApp, mais en mettant davantage l'accent sur le cryptage.

Réseaux sociaux:

- Facebook : Facebook est une application de réseau social qui vous permet de vous connecter avec vos amis et votre famille, de partager des mises à jour et de voir ce qui se passe dans le monde.

- Instagram : Instagram est une application de réseau social qui vous permet de partager des photos et des vidéos avec vos abonnés.

- Twitter : Twitter est une application de réseau social qui vous permet de partager des messages courts (tweets) avec vos abonnés.

- TikTok : TikTok est une application de partage de vidéos courtes qui vous permet de créer et de partager de courtes vidéos avec de la musique, des filtres et des effets.

Productivité:

- Calendrier : l'application de calendrier intégrée à votre smartphone vous permet de planifier des rendez-vous, des événements et des rappels.

- Notes : L'application Notes intégrée à votre smartphone vous permet de prendre des notes, de créer des listes de contrôle et d'enregistrer des mémos vocaux.

- Todoist : Todoist est une application de liste de tâches qui vous permet de créer des tâches, de définir des délais et de suivre vos progrès.
- Evernote : Evernote est une application de prise de notes qui vous permet de prendre des notes, de créer des listes de contrôle, de découper des articles Web et d'enregistrer des mémos vocaux.

Finance:

- Mint : Mint est une application de budgétisation qui vous permet de suivre vos revenus et dépenses, de créer des budgets et de fixer des objectifs financiers.

- YNAB (You Need a Budget) : YNAB est une application de budgétisation qui utilise une approche différente de celle de Mint. Il vise à vous aider à allouer votre argent à des objectifs spécifiques.

Nouvelles:

- Apple News (iOS) ou Google News (Android) : ces applications d'actualités intégrées regroupent des actualités provenant de diverses sources et vous permettent de personnaliser votre flux en fonction de vos intérêts.

- Feedly : Feedly est une application de lecture RSS qui vous permet de vous abonner à vos sites Web et blogs d'actualités préférés en un seul endroit.

Divertissement:

- Netflix : Netflix est un service de streaming par abonnement qui propose une grande variété de films et d'émissions de télévision à regarder à la demande.

- Hulu : Hulu est un service de streaming par abonnement qui propose une variété de films, d'émissions de télévision et de chaînes de télévision en direct.

- Spotify : Spotify est un service de streaming musical qui vous permet d'écouter des millions de chansons à la demande.

- YouTube : YouTube est une plate-forme de partage de vidéos sur laquelle vous pouvez regarder une grande variété de vidéos, notamment des clips musicaux, des bandes-annonces de films et des vidéos éducatives.

Voyage:

- Google Maps : Google Maps est une application de navigation qui vous permet d'obtenir un itinéraire, de trouver des lieux et de voir les conditions de circulation.

- Tripadvisor : Tripadvisor est une application de voyage qui vous permet de lire des avis sur des hôtels, des restaurants et des attractions, et de réserver des voyages.

- Booking.com : Booking.com est une application de voyage qui vous permet de rechercher et de réserver des hôtels dans le monde entier.

Sécurité:

- LastPass ou 1Password : Ces applications de gestion de mots de passe vous permettent de stocker vos mots de passe en toute sécurité et d'y accéder depuis tous vos appareils.

Achats:

- Amazon : Amazon est une boutique de vente au détail en ligne qui vend une grande variété de produits.

- eBay : eBay est une vente aux enchères et une place de marché en ligne sur laquelle vous pouvez acheter et vendre une grande variété de produits.

- Walmart : Walmart est une société de vente au détail qui exploite une chaîne d'hypermarchés, de grands magasins discount et d'épiceries.

- Target : Target est une société de vente au détail qui exploite une chaîne de magasins discount.

Rester organisé avec le calendrier et les listes de tâches

Vous vous sentez dépassé par les tâches et les rendez-vous ? Ce guide étape par étape vous fournira les outils nécessaires pour conquérir votre journée et atteindre un sentiment de calme et de clarté. En exploitant la puissance des calendriers et des listes de tâches, vous transformerez votre emploi du temps en une machine bien huilée !

Étape 1 : Choisissez vos armes :

- Calendrier : sélectionnez une application de calendrier qui vous convient. Les options populaires incluent Google Calendar, Apple Calendar, Microsoft Outlook Calendar ou un planificateur physique. Tenez compte de facteurs tels que l'accessibilité sur tous les appareils, les capacités de partage et la facilité d'utilisation.
- Application de liste de tâches (facultatif) : bien que certains calendriers proposent des listes de tâches intégrées, vous préférerez peut-être une application dédiée comme Todoist, TickTick ou Microsoft To Do. Ceux-ci offrent des fonctionnalités telles que la priorisation des tâches, les dates d'échéance et les rappels.

Étape 2 : Conquête du calendrier :

1. Enregistrez tout : commencez par ajouter tous vos rendez-vous, délais, événements et rappels existants à votre calendrier. Incluez les réunions de travail, les visites chez le médecin, les réunions sociales et tout ce qui nécessite votre temps.

2. Planifiez de manière réaliste : lorsque vous ajoutez de nouveaux événements, soyez réaliste quant au temps que prendra chaque tâche. Ne surchargez pas votre emploi du temps, sinon vous vous exposez au stress.
3. Coordination des couleurs (facultatif) : attribuez des couleurs à différentes catégories (travail, personnel, courses) pour un aperçu visuel rapide de votre emploi du temps.
4. Événements récurrents : utilisez la fonction d'événements récurrents pour les rendez-vous qui surviennent régulièrement, comme les réunions hebdomadaires ou les factures mensuelles.
5. Intégrations (facultatif) : explorez les intégrations entre votre application de calendrier et d'autres outils que vous utilisez, comme un logiciel de messagerie ou de gestion de projet. Cela peut vous aider à rationaliser votre flux de travail et à réduire le risque de non-respect des délais.

Étape 3 : Triomphe de la liste de tâches :

1. Brain Dump : commencez par créer un énorme brain dump de tout ce que vous devez accomplir, grand ou petit. Cela peut inclure des tâches professionnelles, des courses, des projets personnels ou toute autre chose qui vous préoccupe.
2. Établissez des priorités sans pitié : toutes les tâches ne sont pas créées égales. Utilisez un système de priorisation (par exemple, une matrice urgente/importante) pour identifier les tâches qui nécessitent votre attention immédiate et celles qui peuvent attendre.
3. Répartir les grandes tâches : Vous vous sentez dépassé par un grand projet ? Décomposez-le en étapes plus petites et

plus faciles à gérer. Cela rendra la tâche moins ardue et vous aidera à démarrer.
4. Fixez des délais réalistes : attribuez des délais réalistes à vos tâches. Ne vous préparez pas à l'échec en sous-estimant le temps que prendra quelque chose.
5. Enregistrez-vous régulièrement : examinez régulièrement votre liste de tâches tout au long de la journée et ajustez les priorités si nécessaire. N'ayez pas peur de reprogrammer les tâches ou de les déplacer au lendemain si nécessaire.

Étape 4 : Fusionner vos forces :

- Harmonie du calendrier et de la liste de tâches : certaines applications de calendrier vous permettent de créer des tâches directement dans votre calendrier. Cela peut fournir un flux de travail transparent pour gérer votre emploi du temps et votre liste de tâches.
- Tâches planifiées : planifiez des plages horaires dédiées dans votre calendrier pour travailler sur des tâches spécifiques de votre liste de tâches. Cela vous aidera à rester concentré et à éviter la procrastination.

Étape 5 : Maintenir l'élan :

- Formation d'habitudes : Construire des habitudes cohérentes autour de l'utilisation de votre calendrier et de votre liste de tâches est la clé du succès à long terme. Prévoyez du temps chaque jour ou semaine pour revoir votre emploi du temps et mettre à jour votre liste de tâches.
- Révisez et réfléchissez : prenez régulièrement le temps de réfléchir à vos progrès et ajustez votre approche si nécessaire. Y a-t-il des tâches pour lesquelles vous

sous-estimez systématiquement le temps ? Certaines méthodes de priorisation ne fonctionnent pas pour vous ?

N'oubliez pas que la clé est de trouver un système qui fonctionne pour vous et de vous y tenir ! Avec un calendrier et une liste de choses à faire bien gérés, vous serez en mesure d'aborder votre journée avec concentration, efficacité et un nouveau sentiment de calme.

Fonctionnalité cachée : prendre des notes comme un pro avec des raccourcis cachés

L'application Notes intégrée à votre OnePlus Nord CE4 peut être un compagnon puissant pour capturer des idées, organiser des informations et rester productif. Mais saviez-vous qu'il cache des raccourcis astucieux qui peuvent améliorer votre jeu de prise de notes ? Dévoilons ces armes secrètes et transformons-vous en un pro de la prise de notes OnePlus Nord CE4 !

Raccourcis généraux dans de nombreuses applications de prise de notes :

- Formatage à la volée : tout en mettant le texte en surbrillance, appuyez longuement sur l'option de formatage souhaitée (gras, italique, souligné) qui apparaît sur votre clavier. Il s'agit d'un raccourci universel sur de nombreuses applications de prise de notes, y compris celle de votre

OnePlus Nord CE4. Expérimentez un peu pour découvrir la méthode exacte.
- Listes à puces et numérotées : accélérez la création de vos listes grâce aux raccourcis clavier. Un simple trait d'union (-) suivi d'un espace créera une liste à puces, tandis qu'un nombre suivi d'un point (par exemple, 1.) et d'un espace créera une liste numérotée. Cela fonctionne dans la plupart des applications de prise de notes, y compris l'application Notes du OnePlus Nord CE4.
- Cases à cocher (facultatif) : certaines applications de prise de notes, comme Google Keep, permettent de créer des cases à cocher avec des raccourcis clavier. Découvrez si le vôtre offre cette fonctionnalité (souvent un crochet "[" suivi d'un espace).

Dévoilement des raccourcis spécifiques à l'application Notes du OnePlus Nord CE4 :

Bien que les raccourcis d'applications spécifiques puissent varier selon les différents modèles de téléphone, voici quelques fonctionnalités à explorer dans l'application Notes de votre OnePlus Nord CE4 :

- Création rapide de notes (possible) : appuyez deux fois sur l'écran de verrouillage pour lancer instantanément une nouvelle note. Cela pourrait être un moyen pratique de capturer des idées éphémères avant qu'elles ne disparaissent.
- Intégration rapide de capture d'écran (possible) : certains modèles OnePlus Nord CE4 vous permettent de prendre une capture d'écran et de créer automatiquement une nouvelle note pour la stocker. Explorez les paramètres de

capture d'écran sur votre téléphone pour voir si cette fonctionnalité est disponible.

Puissance supplémentaire de prise de notes avec la saisie vocale :

L'application Notes du OnePlus Nord CE4 offre probablement une fonctionnalité de saisie vocale. Cela peut changer la donne pour capturer rapidement des idées ou pour des situations où la saisie n'est pas pratique. Appuyez simplement sur l'icône du microphone dans votre note et commencez à dicter vos pensées !

N'oubliez pas : plongez dans les paramètres de l'application Notes de votre OnePlus Nord CE4 pour découvrir tous les raccourcis cachés et fonctionnalités qu'elle propose. Expérimentez différentes méthodes et trouvez celle qui fonctionne le mieux pour votre flux de travail.

Astuce bonus : pensez à utiliser des applications de prise de notes basées sur le cloud pour vous assurer que vos notes sont toujours accessibles sur vos appareils, ajoutant ainsi une autre couche de commodité à votre maîtrise de la prise de notes !

En incorporant ces raccourcis cachés et en explorant les fonctionnalités avancées de l'application Notes de votre OnePlus Nord CE4, vous élèverez votre prise de notes d'une activité de base à un outil puissant pour augmenter votre productivité et votre créativité.

Chapitre 9 : Connaissances en matière de sécurité

Configuration du verrouillage de l'écran et des mots de passe

Votre OnePlus Nord CE4 stocke une multitude d'informations personnelles, un verrouillage d'écran puissant est donc essentiel. Voici un guide détaillé pour configurer un verrouillage d'écran et un mot de passe sur votre OnePlus Nord CE4 :

Comprenez vos options :

OnePlus propose plusieurs options de verrouillage d'écran, chacune avec différents niveaux de sécurité :

- Swipe (le moins sécurisé) : un modèle de balayage simple pour un déverrouillage rapide, mais une sécurité minimale.
- PIN (Plus sécurisé) : Un code numérique (généralement de 4 à 6 chiffres) pour un bon équilibre entre commodité et sécurité.
- Motif (plus sécurisé) : dessinez un motif sur l'écran pour déverrouiller. Plus sécurisé que le balayage, mais les modèles peuvent être plus faciles à deviner que les codes PIN forts.
- Mot de passe (le plus sécurisé) : une combinaison de lettres, de chiffres et de symboles pour une sécurité maximale.

Configuration de votre serrure :

1. Accéder aux paramètres : faites glisser votre doigt depuis la barre de notification vers le bas et appuyez sur l'icône en forme d'engrenage Paramètres.
2. Accédez à Sécurité : faites défiler vers le bas et appuyez sur Sécurité et écran de verrouillage.
3. Choisissez votre type de verrouillage : appuyez sur Verrouillage de l'écran. Vous verrez les options disponibles : Swipe, PIN, Pattern, Mot de passe.
4. Configuration de la serrure choisie :
    - PIN : appuyez sur PIN et entrez deux fois le code PIN souhaité (4 à 6 chiffres) pour confirmation. Choisissez un code PIN complexe et difficile à deviner.
    - Motif : appuyez sur Motif et dessinez le motif de votre choix sur la grille, en reliant au moins quatre points. Répétez le motif une deuxième fois pour confirmation. Évitez les motifs simples comme les lignes droites ou les initiales.
    - Mot de passe : appuyez sur Mot de passe et saisissez deux fois le mot de passe alphanumérique souhaité (y compris les lettres, les chiffres et les symboles) pour confirmation. Créez un mot de passe fort avec un mélange de lettres majuscules et minuscules, de chiffres et de symboles.
5. Activer les fonctionnalités facultatives (facultatif) :
    - Déverrouillage par empreinte digitale (si activé) : après avoir configuré votre code PIN, votre schéma ou votre mot de passe, vous serez invité à enregistrer votre empreinte digitale pour plus de sécurité. Suivez les instructions à l'écran pour enregistrer votre ou vos empreintes digitales.

- Rendre le motif visible (moins sécurisé) : laissez cette case décochée pour une meilleure sécurité car elle masque votre motif pendant le dessin.
6. Personnalisation de l'écran de verrouillage (facultatif) :
    - **Appuyez sur Style d'horloge pour choisir la manière dont l'horloge apparaît sur votre écran de verrouillage.
    - **Appuyez deux fois Appuyez deux fois pour verrouiller pour activer le verrouillage de l'écran en appuyant deux fois sur l'écran.

N'oubliez pas votre serrure !

Il est essentiel de mémoriser le code PIN, le modèle ou le mot de passe que vous avez choisi. Pensez à utiliser une méthode dont vous vous souviendrez facilement mais qui n'est pas facilement devinable par les autres.

Conseils supplémentaires :

- Évitez d'utiliser des dates de naissance ou d'autres informations personnelles dans votre code PIN ou votre mot de passe.
- Activez « Trouver mon appareil » pour localiser votre téléphone perdu ou volé et potentiellement effacer ses données à distance

Protéger vos données : fonctionnalités de sécurité intégrées

Les essentiels du confinement :

- Verrouillage de l'écran : Pierre angulaire de la sécurité de votre téléphone, un verrouillage de l'écran (PIN, schéma, mot de passe) protège vos données contre tout accès non autorisé. Oneplus Nord CE4 propose des options de code PIN, de modèle et de mot de passe. Choisissez une méthode forte et unique dont vous vous souviendrez !
- Localiser mon appareil : ne perdez jamais la trace de votre OnePlus Nord CE4 ! Cette fonctionnalité, intégrée au service Find My Device de Google, vous permet de localiser à distance votre téléphone perdu ou volé. Vous pouvez même le verrouiller ou effacer ses données pour empêcher les regards indiscrets d'accéder à vos informations.
- Mises à jour de sécurité : Oneplus Nord CE4 reçoit régulièrement des mises à jour de sécurité qui corrigent les vulnérabilités du système d'exploitation et des applications préinstallées. Ces mises à jour sont essentielles pour combler les failles que les pirates pourraient exploiter. Garder votre logiciel à jour est essentiel pour maintenir une solide posture de sécurité.

Protections de la vie privée sur OnePlus Nord CE4 :

- Autorisations des applications : vous disposez d'un contrôle granulaire sur l'accès des applications à vos données. Examinez et ajustez régulièrement les autorisations des

applications pour garantir que les applications accèdent uniquement aux données essentielles à leur fonction. N'hésitez pas à refuser les autorisations qui vous semblent inutiles.
- Cryptage des données : votre OnePlus Nord CE4 crypte vos données par défaut, les rendant brouillées et illisibles si quelqu'un accède physiquement à votre téléphone. Ce cryptage constitue une ligne de défense vitale.
- Capteur d'empreintes digitales (en option) : ajoutez une couche de sécurité supplémentaire avec le capteur d'empreintes digitales. Cette méthode d'authentification biométrique nécessite votre empreinte digitale pour déverrouiller le téléphone, ce qui le rend plus sécurisé qu'un simple code PIN ou schéma.

Améliorations de la sécurité du Oneplus Nord CE4 :

- Dossier sécurisé : protégez vos données les plus sensibles telles que les documents, les photos et les applications dans un dossier sécurisé sur votre OnePlus Nord CE4. Ce dossier nécessite un code PIN ou un mot de passe supplémentaire pour y accéder, offrant ainsi une couche de sécurité supplémentaire.
- Mode Invité : Vous envisagez de prêter votre téléphone à quelqu'un ? Le mode Invité crée un profil temporaire avec un accès limité à vos données. Cela garantit qu'ils ne peuvent pas accéder à vos informations ou fichiers personnels.

Au-delà des fonctionnalités intégrées :

- Forums communautaires OnePlus Nord CE4 : les forums de la communauté des utilisateurs OnePlus Nord CE4 peuvent être une ressource précieuse pour apprendre des trucs et astuces de sécurité supplémentaires spécifiques à votre modèle de téléphone. Recherchez sur les forums ou posez des questions aux autres utilisateurs du OnePlus Nord CE4.

Souviens-toi:

- Mots de passe forts : utilisez toujours des mots de passe forts et uniques pour le verrouillage de votre téléphone, votre compte OnePlus et d'autres comptes en ligne. Évitez d'utiliser des anniversaires ou des informations faciles à deviner.
- Sensibilisation au phishing : méfiez-vous des escroqueries par phishing qui tentent de voler vos identifiants de connexion ou d'infecter votre appareil. Ne cliquez pas sur des liens suspects et ne téléchargez pas de pièces jointes provenant d'expéditeurs inconnus.
- Sauvegardes régulières : sauvegarder régulièrement vos données sur un service de stockage cloud sécurisé vous garantit de disposer d'une copie de vos informations en cas d'incident.

En comprenant et en exploitant les fonctionnalités de sécurité intégrées de votre OnePlus Nord CE4, vous pouvez créer un bouclier robuste contre les accès non autorisés et protéger vos données.

Astuce : Mesures de sécurité avancées : allez au-delà des bases

Bien que les fonctionnalités de sécurité intégrées de votre OnePlus Nord CE4 constituent une base solide, il est toujours possible de renforcer vos défenses. Voici quelques mesures de sécurité avancées que vous pouvez mettre en œuvre pour protéger davantage vos données sur votre OnePlus Nord CE4 :

Gestion des applications :

- Protections du Play Store : assurez-vous de télécharger des applications uniquement à partir du Google Play Store officiel. Le Play Store offre un certain niveau de vérification par rapport aux magasins d'applications tiers. Avant d'installer une application, lisez les avis et vérifiez les autorisations demandées par l'application.
- Mises à jour régulières des applications : tout comme les mises à jour logicielles de votre téléphone, il est crucial de maintenir les applications à jour. Les mises à jour des applications incluent souvent des correctifs de sécurité qui corrigent les vulnérabilités que les pirates pourraient exploiter.
- Désactivez les applications inutilisées : de nombreuses applications préinstallées peuvent rester inutilisées. Désactivez ces applications pour minimiser les risques de sécurité potentiels et libérer des ressources système.

Exploration des applications de sécurité :

- Antivirus/Anti-malware : envisagez d'installer une application antivirus ou anti-malware réputée pour fournir

une protection supplémentaire contre les menaces potentielles telles que les logiciels malveillants et les tentatives de phishing.
- VPN : si vous utilisez fréquemment des réseaux Wi-Fi publics, un réseau privé virtuel (VPN) crypte votre trafic Internet, ajoutant ainsi une couche de sécurité supplémentaire pour vos transmissions de données.

Caractéristiques spécifiques du OnePlus Nord CE4 :

- Verrouillage d'application (facultatif) : certains modèles OnePlus Nord CE4 peuvent offrir une fonction de verrouillage d'application qui vous permet d'ajouter une couche de sécurité supplémentaire à des applications spécifiques, nécessitant un code PIN ou une empreinte digitale pour y accéder. Explorez les paramètres de sécurité de votre téléphone pour voir si cette fonctionnalité est disponible.
- OnePlus Password Vault (Considérez) : OnePlus propose un service de coffre-fort de mots de passe via son compte OnePlus. Cela peut être un moyen pratique de stocker et de gérer vos mots de passe en toute sécurité.

Pratiques de sécurité habituelles :

- Authentification à deux facteurs (2FA) : activez l'authentification à deux facteurs (2FA) dans la mesure du possible pour vos comptes en ligne. Cela ajoute une étape supplémentaire au processus de connexion, ce qui rend beaucoup plus difficile tout accès non autorisé, même si votre mot de passe est compromis.
- Méfiez-vous des connexions indésirables : soyez prudent lorsque vous connectez votre téléphone à des câbles USB

non fiables ou à des stations de recharge publiques. Ceux-ci peuvent contenir des logiciels malveillants susceptibles d'infecter votre appareil.
- Sensibilisation au phishing : soyez toujours à l'affût des escroqueries par phishing. Ne cliquez pas sur des liens ou des pièces jointes suspects dans des e-mails ou des SMS, et ne saisissez pas vos informations personnelles sur des sites Web non fiables.

Rester à jour :

- Actualités et mises à jour de sécurité : restez informé des dernières menaces et vulnérabilités de sécurité. Des ressources telles que les forums officiels OnePlus ou les sites Web d'actualités sur la cybersécurité peuvent être utiles.

Partie 5 : Au-delà des bases : trucs, astuces et trésors cachés

Chapitre 10 : Coin de personnalisation

Thèmes et fonds d'écran : créer un look personnalisé

Votre OnePlus Nord CE4 est un outil puissant, mais il peut aussi être une toile pour exprimer votre style. Les thèmes et les fonds d'écran sont des moyens fantastiques de personnaliser l'apparence de votre téléphone. Voyons les options disponibles sur votre OnePlus Nord CE4 :

Thèmes intégrés :

- Options préinstallées : explorez les options de thème préinstallées sur votre OnePlus Nord CE4. Ces thèmes peuvent proposer différentes combinaisons de couleurs, styles d'icônes et fonds d'écran pour donner un nouveau look à votre téléphone.
- Options de personnalisation : certains thèmes intégrés peuvent permettre une personnalisation plus poussée. Vous pouvez souvent modifier les couleurs d'accent, les polices et même la forme des icônes pour créer un look unique.

Trouver de nouveaux thèmes :

- Boutique de thèmes OnePlus : La boutique de thèmes officielle OnePlus propose une vaste collection de thèmes gratuits et payants. Vous trouverez des thèmes dans différents styles, du minimaliste à l'artistique, selon vos goûts.
- Magasins d'applications tiers (facultatif) : tout en faisant preuve de prudence, vous pouvez explorer les thèmes disponibles sur les magasins d'applications tiers. Assurez-vous de télécharger des thèmes uniquement à partir de sources réputées avec de bonnes critiques pour éviter les logiciels malveillants ou les risques de sécurité.

Fonds d'écran :

- Options préchargées : votre OnePlus Nord CE4 est probablement livré avec une collection de fonds d'écran préchargés. Parcourez ces options et choisissez celle qui correspond à vos préférences.
- Ressources en ligne : Internet est un trésor de fonds d'écran ! Les sites Web et les applications proposent une vaste sélection de fonds d'écran de haute qualité sur des thèmes variés (nature, abstrait, art, etc.). Explorez et trouvez-en un qui vous correspond.
- Photos personnelles : personnalisez votre téléphone en définissant une photo préférée comme fond d'écran. Cela pourrait être un magnifique paysage, un souvenir précieux ou même une photo amusante d'un animal de compagnie !

Fonds d'écran animés (facultatif) :

- Options intégrées : certains modèles OnePlus Nord CE4 peuvent proposer des fonds d'écran animés intégrés qui ajoutent une touche dynamique à votre écran d'accueil. Ces

fonds d'écran peuvent comporter des animations subtiles ou des éléments en mouvement.
- Applications tierces (facultatif) : les magasins d'applications tiers peuvent proposer des applications de fond d'écran animé avec un plus grand choix d'options. Abordez avec prudence et téléchargez des applications uniquement à partir de sources fiables.

Application de thèmes et de fonds d'écran :

- Application thématique : les thèmes que vous téléchargez ou personnalisez seront probablement appliqués via l'application Thèmes OnePlus (ou un nom d'application similaire en fonction de votre modèle).
- Menu Paramètres : vous pouvez également modifier votre fond d'écran directement à partir du menu Paramètres de votre téléphone. Accédez à la section Fond d'écran ou Personnalisation pour définir l'image de votre choix.

Conseil de pro : Coordonnez votre look !

Pour une esthétique cohérente, pensez à choisir un thème et un papier peint qui se complètent. Par exemple, un papier peint sur le thème de la nature pourrait bien se marier avec un thème aux tons terreux et aux formes organiques.

Souviens-toi:

- Thèmes gratuits ou payants : bien que les thèmes gratuits soient facilement disponibles, les thèmes payants peuvent offrir davantage d'options de personnalisation et des designs uniques.

- Sécurité avec des sources tierces : si vous choisissez d'explorer des thèmes provenant de magasins tiers, assurez-vous de télécharger à partir de sources réputées avec de bonnes critiques pour éviter les logiciels malveillants.

En utilisant les options intégrées, en explorant la boutique de thèmes OnePlus et en trouvant des fonds d'écran créatifs en ligne, vous pouvez transformer votre OnePlus Nord CE4 en un reflet de votre personnalité. Alors libérez votre créativité et amusez-vous à personnaliser votre téléphone !

Centre de notifications : maîtriser les alertes et les paramètres

Accéder à votre centre de notifications :

- Faites glisser votre doigt depuis le haut de votre écran pour afficher le panneau de notification.
- Vous verrez une liste des notifications récentes de diverses applications et du système.

Comprendre les options de notification :

- Notifications individuelles : chaque notification affiche généralement des informations sur l'application qui l'a envoyée et un résumé du message.
- Boutons d'action (facultatif) : certaines notifications peuvent proposer des boutons d'action rapide vous

permettant de répondre ou d'interagir directement avec la notification.
- Expansion des notifications : appuyer sur une notification peut la développer pour révéler plus de détails ou des options supplémentaires.

Gestion des notifications individuelles :

- Glisser vers la gauche : faites glisser votre doigt vers la gauche sur une notification pour la rejeter.
- Glisser vers la droite (facultatif) : sur certains modèles OnePlus Nord CE4, glisser vers la droite sur une notification peut révéler des options spécifiques à l'application pour cette notification.

Effacement de toutes les notifications :

- Appuyez sur le bouton « Effacer tout » (généralement situé en bas du panneau de notification) pour ignorer toutes les notifications en même temps.

Plonger dans les paramètres de notification :

- Appuyez longuement sur le panneau de notification (ou appuyez sur les trois points dans le coin supérieur) pour accéder aux paramètres de notification.

Personnalisation des notifications d'application :

- Dans les paramètres de notification, vous trouverez une liste d'applications. Appuyez sur une application pour gérer ses paramètres de notification.
- Ici tu peux:

- Désactivez complètement les notifications : désactivez l'option pour des applications spécifiques si vous ne souhaitez pas recevoir d'alertes de leur part.
- Choisir le style de notification : sélectionnez le mode d'affichage des notifications (son, vibration, pop-up, bannière).
- Priorité : définissez la priorité des notifications pour déterminer si la notification contourne le mode Ne pas déranger.
- Personnaliser les sons de notification (facultatif) : modifiez le son de notification pour une application spécifique (sur certains modèles OnePlus Nord CE4).

Paramètres de notification avancés :

- Ne pas déranger : programmez le mode Ne pas déranger à des heures spécifiques ou activez-le manuellement pour faire taire toutes les notifications.
- Badges de notification d'application (facultatif) : gérez la façon dont les badges de notification (petites icônes affichant le nombre de notifications non lues) apparaissent sur les icônes d'application.
- Notifications d'affichage ambiant (facultatif) : contrôlez la façon dont les notifications apparaissent sur l'affichage ambiant (affichage toujours actif lorsque le téléphone est verrouillé, sur certains modèles).

Conseils de pro pour la gestion des notifications :

- Notifications de groupe : activez le regroupement des notifications pour regrouper les notifications similaires de la même application, réduisant ainsi l'encombrement.
- Historique des notifications (facultatif) : vérifiez votre historique des notifications (si disponible) pour voir les notifications que vous avez peut-être manquées.
- Personnaliser les sons de notification : définissez des sons de notification uniques pour les applications importantes afin de les identifier facilement sans regarder votre téléphone.

Fonctionnalité cachée : personnalisation des paramètres rapides pour un accès en un seul clic

Accès aux paramètres rapides :

- Faites glisser votre doigt deux fois vers le bas depuis le haut de votre écran (une fois pour afficher le panneau de notification, encore une fois pour développer les paramètres rapides).

Dévoilement des options de personnalisation :

- Recherchez le bouton Modifier (icône en forme de crayon) dans le coin supérieur droit du panneau Paramètres rapides.
- En appuyant sur ce bouton, vous découvrirez la magie cachée de la personnalisation !

Création de votre grille de paramètres rapides personnalisée :

- Vous verrez une grille des vignettes Paramètres rapides disponibles. Ceux-ci représentent des fonctionnalités auxquelles vous pouvez accéder en un seul clic.
- La rangée supérieure présente vos vignettes Paramètres rapides actuellement actives.
- Faites glisser et déposez les vignettes entre la rangée supérieure (active) et la section inférieure (inactive) pour personnaliser votre accès en un seul clic.

Ajout ou suppression de vignettes de paramètres rapides :

- Dans le mode édition (accessible en appuyant sur le bouton Modifier), vous trouverez une section intitulée « Plus de vignettes » ou similaire. Cette section répertorie les options de paramètres rapides supplémentaires qui ne sont pas actuellement affichées.
- Appuyez longuement sur une vignette de la section « Plus de vignettes » et faites-la glisser vers un emplacement vide dans la grille active des paramètres rapides pour l'ajouter.
- Pour supprimer une vignette de vos paramètres rapides actifs, appuyez simplement dessus et maintenez-la enfoncée, puis faites-la glisser vers la section « Plus de vignettes ».

Souviens-toi:

Les vignettes Paramètres rapides disponibles peuvent varier légèrement en fonction de votre modèle spécifique OnePlus Nord CE4 et de la version du logiciel.

Conseils de pro pour la maîtrise des paramètres rapides :

- Priorisez les fonctionnalités fréquemment utilisées : placez les fonctionnalités que vous utilisez le plus souvent dans la rangée supérieure pour un accès facile en un seul clic.
- Maintenez une mise en page équilibrée : gardez votre grille de paramètres rapides organisée et évitez la surpopulation pour une navigation facile.
- Explorez les joyaux cachés : certaines vignettes de paramètres rapides peuvent offrir des fonctionnalités cachées. Par exemple, appuyer longuement sur la vignette Wi-Fi peut vous permettre d'accéder à un menu de paramètres réseau.

Libérer la puissance des paramètres rapides :

En personnalisant les paramètres rapides de votre OnePlus Nord CE4, vous pouvez transformer votre panneau de notification d'un simple centre de notification en un puissant centre de contrôle. Avec vos fonctionnalités les plus utilisées à portée de main, vous bénéficierez d'une amélioration significative de votre efficacité et d'une expérience téléphonique plus rationalisée.

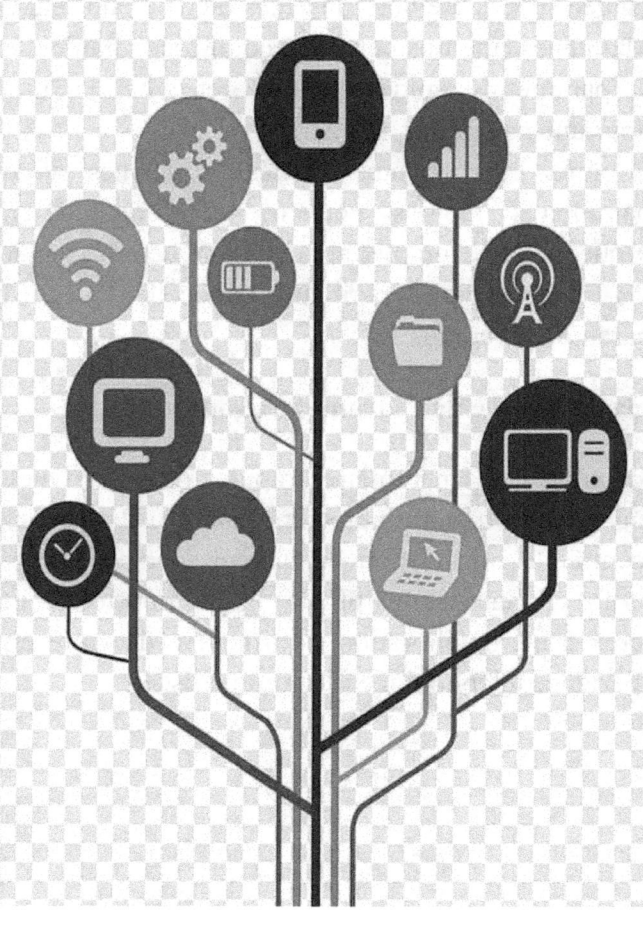

Chapitre 11 : Button Bonanza : raccourcis et gestes des boutons

Maîtriser les gestes pour les prouesses de la navigation

Comprendre la navigation gestuelle :

- La navigation gestuelle remplace les boutons de navigation traditionnels à l'écran (retour, accueil, applications récentes) par des gestes simples sur le bord ou la zone inférieure de l'écran.
- Ces gestes offrent une expérience plus immersive et maximisant l'écran.

Activation de la navigation gestuelle :

1. Accédez aux paramètres : faites glisser votre doigt depuis la barre de notification vers le bas et appuyez sur l'icône en forme de rouage (Paramètres).
2. Accédez à Système : faites défiler vers le bas et appuyez sur "Système" (ou similaire selon votre modèle).
3. Rechercher la navigation : appuyez sur "Navigation" ou "Navigation système" pour accéder aux paramètres de navigation.
4. Choisissez la navigation gestuelle : sélectionnez "Navigation gestuelle" (ou une formulation similaire) comme méthode de navigation préférée.

Passer à la navigation par boutons :

1. Suivez les étapes 1 et 2 ci-dessus pour accéder aux paramètres de navigation.
2. Choisissez Navigation par bouton (ou formulation similaire) comme méthode de navigation préférée.

Déverrouiller des gestes de navigation dont vous ignoriez l'existence

Gestes rapides :

- Accédez au menu des paramètres de votre OnePlus Nord CE4. Recherchez des options telles que « Boutons et gestes », « Commandes système » ou similaires selon votre modèle.
- Recherchez une section intitulée « Gestes rapides » ou « Gestes ». Cette section peut offrir des fonctionnalités telles que :
    - Dessinez un cercle pour ouvrir l'appareil photo : dessinez un cercle sur l'écran de verrouillage ou l'écran désactivé pour lancer instantanément l'application Appareil photo.
    - Appuyez deux fois pour réveiller/mettre en veille : activez cette fonctionnalité pour réveiller votre téléphone en appuyant deux fois sur l'écran et le verrouiller en appuyant à nouveau deux fois.
    - Gestes de contrôle de la musique : dessinez des symboles spécifiques sur l'écran (lecture/pause, saut avant/arrière) pour contrôler la lecture de la

musique sans déverrouiller votre téléphone (sur certains modèles).

Gestes spécifiques à l'application :

- Certaines applications peuvent proposer leur propre ensemble de commandes gestuelles. Ces gestes peuvent être spécifiques aux fonctionnalités de cette application.
- Par exemple, une application de galerie peut vous permettre de faire glisser votre doigt vers la gauche/droite sur les images pour basculer entre elles ou d'appuyer longuement pour zoomer.
- Explorez le menu des paramètres dans les applications individuelles pour découvrir les commandes gestuelles cachées qu'elles pourraient offrir.

Personnalisations avancées des gestes :

- Certains modèles OnePlus Nord CE4 peuvent vous permettre de personnaliser les gestes de navigation au-delà des fonctions de base de retour, d'accueil et d'applications récentes.
- Recherchez des options telles que « Paramètres de la barre de navigation » ou « Personnalisation des gestes de navigation » dans votre menu de paramètres. Ici, vous pourrez peut-être :
    - Ajustez la sensibilité des gestes (jusqu'où vous devez glisser pour activer un geste).
    - Activez des gestes supplémentaires, comme faire glisser votre doigt depuis les coins inférieurs pour des actions spécifiques.

Conclusion

Toutes nos félicitations! Vous êtes arrivé à la fin de ce guide de votre OnePlus Nord CE4. Nous avons exploré un vaste territoire, depuis la personnalisation de l'apparence et de la convivialité de votre téléphone jusqu'à la navigation facile et au dépannage des obstacles courants sur la route. À présent, vous devriez être bien équipé pour libérer tout le potentiel de votre OnePlus Nord CE4 et en faire une véritable extension de vous-même.

Souviens-toi: Ce guide sert de tremplin pour votre exploration. Le monde de la technologie est en constante évolution et votre téléphone ne fait pas exception. Les mises à jour logicielles peuvent introduire de nouvelles fonctionnalités intéressantes, et vous pouvez toujours approfondir les vastes ressources disponibles en ligne pour découvrir encore plus de façons de personnaliser et d'optimiser votre téléphone.

Voici un bref récapitulatif des principaux points à retenir de ce guide :

- Personnalisez votre espace : vous avez appris à définir des thèmes, des fonds d'écran et des sons de notification pour créer un téléphone qui reflète votre style unique.
- Maîtrisez la navigation : nous avons exploré à la fois la navigation gestuelle et la navigation par boutons, vous permettant de choisir la méthode qui vous semble la plus intuitive.
- Joyaux cachés : vous avez découvert des fonctionnalités cachées telles que la personnalisation des paramètres rapides et des gestes de navigation pour une efficacité supplémentaire.

- Dépannage simplifié : nous vous avons fourni des solutions aux problèmes courants tels que les problèmes de Wi-Fi ou les performances lentes, garantissant ainsi le bon fonctionnement de votre téléphone.
- Comprendre le jargon : le glossaire fournit une base pour comprendre les termes courants des smartphones, vous permettant ainsi de naviguer dans les paramètres et les fonctionnalités en toute confiance.

La beauté de la technologie réside dans sa capacité à simplifier nos vies et à améliorer nos expériences. Votre OnePlus Nord CE4 est un outil puissant qui attend d'être exploré. Continuez à apprendre, continuez à personnaliser et continuez à découvrir de nouvelles façons d'exploiter les capacités de votre téléphone.

Une note finale : N'ayez pas peur d'expérimenter ! Le pire qui puisse arriver est que vous modifiiez un paramètre et que vous ne l'aimiez pas – vous pouvez toujours revenir en arrière. Le plus important est de trouver ce qui vous convient le mieux et qui vous permet de tirer le meilleur parti de votre OnePlus Nord CE4.

Nous espérons que ce guide a été un compagnon précieux dans votre voyage OnePlus Nord CE4. Maintenant, partez à la conquête du monde, en appuyant, en glissant ou en cliquant à la fois !

Partie 6 : Annexe

Dépannage des problèmes courants : solutions rapides aux problèmes quotidiens

Problèmes de connectivité :

- Wifi:
    - Problème : le Wi-Fi ne se connecte pas ou continue d'interrompre la connexion.
    - Correctif : redémarrez votre téléphone et votre routeur. Assurez-vous de saisir le bon mot de passe Wi-Fi. Oubliez le réseau Wi-Fi sur votre téléphone et rajoutez-le.
- Bluetooth:
    - Problème : Bluetooth ne parvient pas à se connecter ou à s'associer aux appareils.
    - Correctif : redémarrez votre téléphone et le périphérique Bluetooth. Assurez-vous que Bluetooth est activé sur les deux appareils. Oubliez la connexion Bluetooth sur votre téléphone et réessayez le couplage.

Les problèmes de performance:

- Performances lentes :
    - Problème : Le téléphone semble lent ou ne répond pas.
    - Correctif : fermez toutes les applications inutilisées exécutées en arrière-plan. Redémarrez votre téléphone. Recherchez les mises à jour logicielles et

installez-les si disponibles. Pensez à désinstaller les applications inutilisées pour libérer de l'espace de stockage.

Problèmes d'application :

- Crash de l'application :
    - Problème : Une application spécifique continue de planter de manière inattendue.
    - Correctif : forcez la fermeture de l'application et relancez-la. Effacez le cache et les données de l'application (Paramètres > Applications > sélectionnez l'application > Stockage > Vider le cache/Effacer le stockage). Réinstallez l'application si le problème persiste.

Problèmes de batterie :

- Vidange rapide de la batterie :
    - Problème : La batterie se décharge rapidement.
    - Correctif : identifiez les applications qui déchargent la batterie (Paramètres > Batterie). Fermez les applications d'arrière-plan inutiles. Ajustez les paramètres de luminosité de l'écran. Désactivez les services de localisation ou le Wi-Fi lorsque vous ne les utilisez pas. Réduisez les notifications.

Autres problèmes courants :

- L'écran tactile ne répond pas :
    - Correctif : redémarrez votre téléphone. Nettoyez et séchez vos doigts et l'écran. Assurez-vous de ne pas

utiliser de protecteur d'écran qui interfère avec la sensibilité tactile.

Souviens-toi:

- Ce sont des conseils de dépannage généraux. Les étapes spécifiques peuvent varier légèrement en fonction de votre modèle et de la version du logiciel.
- Si les problèmes persistent après avoir essayé ces solutions rapides, consultez le site Web d'assistance officiel OnePlus ou les forums d'utilisateurs pour des solutions plus avancées.

Glossaire des termes : démystifier le jargon des smartphones

Le monde des smartphones peut être rempli de termes techniques. Voici un glossaire pour décoder certains termes couramment utilisés que vous pourriez rencontrer lors de l'utilisation de votre OnePlus Nord CE4 :

Conditions générales:

- OS (Operating System) : logiciel qui contrôle les fonctions principales du téléphone, telles que les applications, les paramètres et la communication matérielle. (par exemple, Android sur OnePlus Nord CE4)
- UI (User Interface) : La disposition visuelle et la façon dont vous interagissez avec les fonctionnalités du téléphone (icônes, menus, etc.).
- RAM (Random Access Memory) : mémoire temporaire qui stocke les données fréquemment utilisées pour un accès rapide par les applications.
- Stockage : Espace de stockage permanent pour les applications, photos, musiques, etc. (stockage interne ou extensible via carte microSD).
- CPU (Central Processing Unit) : Le cerveau du téléphone, responsable du traitement des informations et des instructions.
- GPU (Graphics Processing Unit) : gère le traitement graphique pour des tâches telles que les jeux et la lecture vidéo.

Connectivité:

- Wi-Fi : connexion Internet sans fil pour la navigation, le téléchargement et le streaming.
- Bluetooth : technologie sans fil pour la connexion à des écouteurs, des haut-parleurs et d'autres appareils.
- NFC (Near Field Communication) : communication sans fil à courte portée pour les paiements sans contact ou le partage de données.
- GPS (Global Positioning System) : utilise des satellites pour fournir des services de localisation pour les cartes et la navigation.

Sécurité:

- PIN (numéro d'identification personnel) : un code numérique utilisé pour déverrouiller votre téléphone.
- Modèle : une séquence de pressions sur une grille pour déverrouiller votre téléphone.
- Mot de passe : une combinaison de lettres, de chiffres et de symboles pour des connexions sécurisées.
- Capteur d'empreintes digitales : utilise votre empreinte digitale pour l'authentification biométrique afin de déverrouiller le téléphone.
- Cryptage : brouille vos données sur l'appareil pour les protéger contre tout accès non autorisé.

Autres termes:

- App (Application) : Logiciels conçus à des fins spécifiques (jeux, réseaux sociaux, outils de productivité).
- Cache : stockage temporaire des données pour un chargement plus rapide des applications.

- Notification : alertes provenant d'applications ou du système concernant les nouveaux messages, les mises à jour, etc.
- Mise à jour logicielle : nouvelles versions du système d'exploitation ou des applications qui fournissent des corrections de bogues, de nouvelles fonctionnalités et des améliorations de sécurité.
- Affichage ambiant : (fonctionnalité facultative sur certains téléphones) Affichage à faible consommation qui affiche l'heure, les notifications ou d'autres informations sur l'écran de verrouillage.

En comprenant ces termes, vous serez bien équipé pour naviguer dans le monde des paramètres, des fonctionnalités et du dépannage des smartphones. Bonne exploration !

www.ingramcontent.com/pod-product-compliance
Lightning Source LLC
Chambersburg PA
CBHW050309230526
45471CB00005B/2102